渌江书院文化丛书

渌江书院志

（清）
文蔚起（修）
刘青黎（纂）

徐　峰　等　整理

湖南大学
出版社·长沙

图书在版编目（CIP）数据

渌江书院志/（清）文蔚起修；（清）刘青藜纂；徐峰等整理. 一长沙：湖南大学出版社，2023.12
ISBN 978-7-5667-3118-0

Ⅰ.①渌… Ⅱ.①文… ②刘… ③徐… Ⅲ.①书院—史料—醴陵
Ⅳ.①G649.299.64

中国国家版本馆 CIP 数据核字（2023）第 128576 号

渌江书院志
LUJIANG SHUYUAN ZHI

著　　者：（清）文蔚起（修）　　（清）刘青藜（纂）	
整　　理：徐　峰　等	
责任编辑：王桂贞	
印　　装：长沙鸿和印务有限公司	
开　　本：787 mm×1092 mm　1/16	
印　　张：14	字　　数：197 千字
版　　次：2023 年 12 月第 1 版	印　　次：2023 年 12 月第 1 次印刷
书　　号：ISBN 978-7-5667-3118-0	
定　　价：48.00 元	

出 版 人：李文邦
出版发行：湖南大学出版社
社　　址：湖南·长沙·岳麓山　　　　　　邮　　编：410082
电　　话：0731-88822559（营销部），88821327（编辑室），88821006（出版部）
传　　真：0731-88822264（总编室）
网　　址：http://press.hnu.edu.cn
电子邮箱：wanguia@126.com

版权所有，盗版必究
图书凡有印装差错，请与营销部联系

序

人之善者多，則善人多；善人多，則朝廷正而天下治矣。記曰：君子如欲化民成俗，其必由學乎。由學而賢於治化多矣。古者造士於庠序學校，三代異名。唐以來始有書院，至國朝文教日開，郡縣均置書院，而樂育英才。

醴邑本人文淵藪，自宋時呂伯起、茶先生巖陽、朱子講學淥江，朱子祠尚存。合代有偉人，今茶山書院乃通光初年，陳君炳倡捐移建，規模宏敞，山水尚佳。陳君勳論士紳加捐，書籍文類賅備。馬君應遠董其事，注良後權君備脩脯，貲增置租田數十石，山長脩脯、膏火、經費、膏獎、前歲士林者非淺。

氓俗之邑之景象為藏書、作育人才，轉移風化，斯邑方留之學校，恩有圖舉事昭然。青衿以書院諸生，誦習講誦修之所碩彝諸名其間者。諸紳以示後人矢志嘉之，碩儒行誼，創始者栽培至意，名有以望也。余同諸紳請序，弁數語于簡，瑞以備採訪，獻替文之一助云。

光緒二年歲在丙子冬月　知醴陵縣事　山陰劉驤諶譔

序

人才風俗之盛由書院以育之也禮樂文章之美由書院以貴之書院者藏修其中以儲其人才也

國朝地方有書院猶古之有庠序而其規則又略有不同前代書院多置之郡邑而國朝則並置之于縣

故書院之設其人才之多寡視其地之文德為等差而其應試者之眾寡亦視書院以為衰旺

凡屬興賢育才之地莫不以修明書院為先務而師儒之傳道講習者尤不可不慎擇其人

顧今天下書院之盛未有如湖南者郴居湖南之一隅書院亦以次修建而設教諸生之中

有能通經學古者得以時相講習而勸勉之使之傳習不絕此亦振興人才之一助也

郴舊有書院而教諸生者每苦無以為之倡率諸生亦苦無以自勵於是講道論德之風寖以衰替

光緒三年歲次丁丑夏六月郴州知州劉溎年序

序

醴邑淥江書院舊在縣東城
道光丙戌圮于水邑侯陳君心
炳始移建西山麓後崔君斌復
倡捐脩脯田畝識嘉惠士林之盛
舉也余丁卯秉鐸茲邑詢其
處而往遊焉涉其流水聲則
潺湲也陟其巔山勢則崔巍
也樹林陰翳院宇崇隆中列
大堂講堂次東西齋舍以及
廚湢井厕無不具備洵足以勸
講習而育英才矣聞宋呂東萊
先生講學於茲紫陽朱子經過
曾有留題勝蹟至今足資考證
余喜其地幽而曲窈而深向一遊
覽留連不忍去時主講席者為
何君簡庭距今已十年矣石帆
孟友涵齋日多課閒之暇與諸
生往來益密偶談及書院膏火
田畝多零碎散佚因商所以久
傳而不泯者莫如清理丈尺編
冊繪圖為書院志志成請序於余
余觀其書圖繪清晰紀載分明
並錄名流留題雜著以存攷資亦
頗繁而當核而詳矣
聖朝作育人才直省皆有書院以為
士子濯磨之區醴陵隸乎首郡
書院視他邑特盛但願肄業其
間者擷山水之精挾朱程之奥研
窮經之力探致用之源騰實蜚
聲敦行立品互相砥礪蔚為
國華不特前賢令尹昔日培植
之心亦余之所厚望也是為序
光緒二年歲次丙子季冬月
醴陵學訓導朗江劉鶴齡譔

敬

醴陵劉揆一士與余多同文曾為余
言及淥江書院之勝其形勢於嶽麓為近
似已縷舉之而恨未之見歲丁丑余督湘
講席至日偶與輿中眺望園囿環列林木蔚
薈淥水句上游來朝宗于葡萄繞於後有
天然位置之妙余顧而樂之乃嘆曰閬嶋為
不虛而私以得見為幸已而發其登岸時
鉅麗周匝各肅各異如拔如時從遊二百
人詩文均其有才氣而書法尤多佳品余
嘉賞不置蓋信清淥所鍾必多偉為才人文
之盛有自來也顧余叉有進焉
國家以庠序學校與是人材各直省及郡縣
復置書院以宏養育其狀之也廣其待之
也厚則其責之也亦愈嚴今淥江書院之
移建於總愿有年矣良有司之培植與賢
父兄之維持亦既可大而可久矣士之來
遊者尚其磨礱以自守裕根柢以培科第文
章之重昊則匡匡私心所重焉諸生勖諸
屬院長紀言及之至書院沿革顛末及一切事
宜均略而不書懼須也

光緒三年歲在丁丑春之初 淥江書院
瀏陽彌祥鑒 謹序

整理凡例

一、本书以清光绪三年（1877）县人文蔚起主修、刘青藜等纂辑的《渌江书院志》为底本，由原繁体竖排改为简体横排，图片中的文字不作简体转换。

二、本书体例均依照底本体例，未作修改。

三、底本异体字较多，本书依照《第一批异体字整理表》进行整理，但涉及人名、地名、书名以及可能产生疑义的，均未作修改。

四、底本所述地名，因现在地名更替，全书统一按照底本地名未作修改。但涉及图片上名称与正文名称不一致的，则以正文名称为准。

五、底本均未标注标点，整理时根据现代语义、语法加注标点符号。

六、底本有明显遗漏和错误的，本文则参考民国版《醴陵县志》及相关书籍进行修改，以求完整。

七、底本中有涉及方言用字的，参考规范汉字进行修改。

八、底本是繁体竖排，对图片的表述为"注明于左"，整理时统一订正为"注明于下"。

九、底本中部分繁体字转换，则根据字意进行修改。如"脩"字，"束脩"保持原文，"脩整"则改为"修整"。类似情况统一修改，不再说明。

序

《周子通书》曰，师道立，则善人多。善人多，则朝廷正，而天下治。《学记》曰，君子如欲化民成俗，其必由学乎。是教之资于治化多矣，古者造士于学，庠、序、学、校三代异名，唐以来始有书院，至国朝文教日开，郡县均置书院，而乐育宏焉！醴邑本人文渊薮，自宋时吕伯恭先生、紫阳朱子讲学后，英才蔚起，代有伟人。今莱山书院、朱子祠尚存遗址。其渌江书院乃道光初年邑令陈君心炳倡捐移建，规模宏敞，山水清幽。陈君更劝谕士绅加捐膏火，洵属思深虑远、意美法良。后崔君斌复倡捐增置租田数十石，山长脩脯赖取给之。邑之景慕前徽者，又输赀以为岁修经费，所以嘉惠士林者，非浅鲜矣！夫作育人才、转移风化，此守土责也！余承乏斯邑，方留心学校，思有以振兴文风，亦志两君之志！适董事诸绅以书院谱据阙略，拟修总志，昭示后人。予甚嘉之！所愿肄业其间者，砥节砺行，葄史枕经，承道学而振科名，有以副创始者栽培至意，亦予所厚望也哉！因诸绅请序，弁数语于简端，以备考献征文之一助云！

光绪二年，岁在丙子冬月，知醴陵县事山阴刘骥撰。

序

邑之有书院，所以育人才也，而礼乐之兴、风俗之变咸于是赖之。是书院之资于治化实多。唐时始有书院之名，得人才则宋为盛，其时不过二三大儒就其所至之地，创立书院，讲学其中。至国朝，各直省均置书院，郡县因之，人才辈出，超越前代。醴邑城东旧有渌江书院，道光初年，邑尊陈君心炳以城市嚣尘，倡捐移建于河西靖兴山，兼劝加捐膏火，工竣旋去，而脩脯之费未甚丰足。崔邑尊斌继之，复倡捐增置田亩以充师生俸薪。故得聘名师主讲席。都人士又设立岁修会，使从游诸生可以潜心肄业，诚意美而法良矣！余以今年夏履任，揽山川之秀，知其间必钟英才，适书院睹冠裳济济，俎豆莘莘。闻宋时吕东莱先生曾讲学于此，窃叹教泽之涵濡深且远焉！会诸生以谱据阙略，拟修书院志，请序于余，余忝司铎，有振兴文教之责，喜诸生克自袚濯也。爰弁数语于简端，以志始末！愿诸生益敦品励学，崇实黜华，承道学之传，为邦家之彦，庶几礼乐修风俗美，无负创始者作育人才之至意，岂不更贤乎哉！是为序。

光绪二年，岁次丙子季冬月，醴陵县学教谕朗江刘廷钧撰。

序

醴邑渌江书院，旧在县东城，道光丙戌圮于水，邑侯陈君心炳始移建西山。厥后，崔君斌复倡捐脩脯田，此诚嘉惠士林之盛举也。余丁卯秉铎兹邑，询其处而往游焉。涉其流，水声则潺湲也；陟其巅，山势则崔巍也。树林阴翳，院宇崇隆，中列大堂、讲堂，次东西斋舍，以及厨湢、井厕，无不具备，洵足以劝讲习而育英才矣。闻宋吕东莱先生讲学于兹，紫阳朱子经过，曾有留题胜迹，至今足资考证。余喜其地缭而曲、窈而深，间一游览，留连不忍去。时主讲席者为何君简庭，距今已十年矣。名师益友，汇聚日多，课阅之暇，与诸生往来益密。偶谈及书院膏火田亩，多星碎散佚，因商所以久传而不混者，莫如清理丈尺、编册绘图为《书院志》。志成，请序于余。余观其书，图绘清晰，记载分明，并录名流留题、杂著，以存故实，亦颇繁而当、核而详矣！

圣朝作育人才，直省皆有书院，以为士子濯磨之区。醴陵隶乎首郡，书院视他邑特盛。但愿肄业其间者，撷山水之精，抉朱程之奥，殚穷经之力，探致用之源，腾实蜚声，敦行立品，互相砥砺，蔚为国华，不特无负贤令尹昔日培植之心，亦余之所厚望也。是为序。

光绪二年，岁次丙子季冬月，醴陵学训导朗江刘鹤龄撰。

叙

醴与浏接壤，邑人士与余多夙交，尝为余言及渌江书院之胜。其形势于岳麓为近似，心窃慕之而恨未之见。岁丁丑，余谬领讲席，至日，从舆中眺望，冈峦环列，林木欝森，渌水自上游来，朝宗于前，萦绕于后，有天然位置之妙！余顾而乐之，乃叹夙闻为不虚，而私以得见为幸已。而登其堂，崇闳钜丽，周历各斋舍，翼如秩如。时从游二百人，诗文均具有才气，而书法尤多佳品，余嘉赏不置，益信清淑所钟，必多隽才，人文之盛有自来也，顾余更有进焉！

国家以庠序学校兴起人材，各直省及郡县复置书院，以宏养育。其收之也广，其待之也厚，则其责之也亦愈严。今渌江书院之移建于兹，历有年矣，良有司之培植与贤父兄之维持，亦既可大而可久矣！士之来游者，尚其砥廉隅以自守，裕根柢以有为，兢兢焉力去浮薄佻惰之萌，以增科第文章之重，是则区区私心所重，为诸生勗者。属院志告成，董事者问序于余，爰不揣固陋，纵言及之。至书院沿革巅末及一切事宜均略而不书，惧琐也！

时光绪三年，岁在丁丑，暮春之初，掌教渌江书院浏阳邵声鋈谨序。

《渌江书院志》修辑职名

主修	附贡生	文蔚起
	原署常临县训导	刘开濂
	现任巴陵县教谕	汤越凡
	岁贡生	周业鸿
	试用训导	陈炳宣
	举人	曾镇南
	封职附贡生	刘嵩基
	附贡生	何名楷
	郡学增生	陈经镕
	州同衔	欧阳垲
	州同衔	郭学增
纂辑	国子监生	刘青藜
	国子监生	郭浩春
	县学附生	胡师范
	国子监生	廖凤举
	县学附生	王荣章
	国子监生	张锡珊
	县学附生	文俊铎
	县学廪生	张 政
绘图	从九	王星耀
	监生	刘振国

目　录

卷 首

凡 例

书院移建西山虽仅四十余年，而前后左右胜迹，昔之人有播诸吟咏者，有但纪其名者，兹一一志之，以昭不朽。至前代各书院记、序、诗句，则亦附录以备考，其余无相关涉，不敢妄为采入。

所列规条，有由各邑侯详定者，有由乡先生议妥者。兹逐一备载，以垂久远。

《书院志》自艺文外列田册，其要有三：首脩脯，次膏火，次岁修。条分脉贯，集成一帙。其田山、屋宇、界止，及塘池、井坝、荫注，俱照契查清，虽久经侵占之处，亦各还其旧。

城乡各庄田山等业星散，难于稽查，故摘录契文，清丈绘图，并载弓口字号，俾董事者看某图即知某处田种若干，看某号即知某丘田种若干，以杜改移侵占。但图册只约其大要，总以契载为凭。

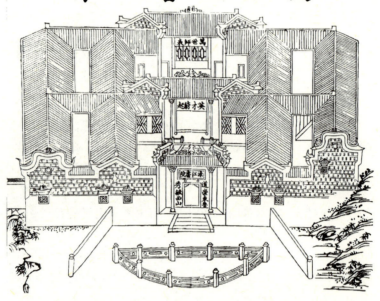

渌江书院原在城东，即今考棚、朱子祠之右，训导署之左，背山面河，为宋、元、明学宫故址。乾隆初移建学宫。十八年，知县管乐将学宫故址倡建为渌江书院，前列考棚。嗣知县杨鸾、田彬、赵贵览、顾振声、樊寅捷及教谕欧阳傪等相继修葺。道光九年，知县陈心炳以城市喧嚣，撤旧院概为考棚，而迁书院于治西之靖兴山，名仍旧。首头门，次讲堂，又次为内厅。东斋三：曰主敬、曰正喧、曰明道。西斋三：曰存诚、曰进德、曰居业。其余厨湢井厕，而无不具备，俾学者远尘俗之嚣，领清幽之胜，于以藏修息游，砥砺学行。其作育人才，意固深且远矣！至若扩陈公之志，恢弘斋舍，广庇群英，是所望于后君子之有心文教者。

靖兴寺图

靖兴寺原在今书院东斋，建自有唐。

　　国朝道光九年，邑令陈公心炳移建书院，拓寺址为斋舍，徙寺于书院前左阜，名仍旧。规模较宽，前佛殿，次卫公祠，后人兼附陈公栗主，东西两旁有禅房数楹。近因肄业者众，六斋至不能容，故就寺增为一斋，亦犹岳麓之道乡祠、城南之妙高峰寺，同为藏修之所云尔。

详 文

署湖南长沙府醴陵县知县陈

为捐增膏火，敬惜字纸，恳定章程批示立案事。

嘉庆九年五月十四日，据卑县在城绅士捐职州同李玉元、兵部武库司行走主事候选同知李端元、直隶顺天府武清县管河县丞李家言呈称：

窃惟械朴菁莪之化，蚁学经横，赤文绿字之符，龙图业振。恭逢我国朝帷囊汉观，金玉衡碑，上舍罗英，人著莘祈之望，黉宫颁典，书搜穷欠之奇。咏余之著述惟精。天子圣哲，选造之超迁不次，多士汇征，燕鹿登蟾，咸掇宫芹以去；攀龙附凤，都从经库而来。盖群颂作人之休，而共睹同文之盛矣！醴邑渌江书院膏火之费不支，似难申其奖励，字柜之藏谁捡，未免辱在泥涂。故江华镂青，迟入治亭之梦；御书飞白，空搜石臼之灵。职等伏念宾兴，追维礼训，惟名山之有席。既奉先生，恐担石之无余，难招弟子。记得趋庭之命，教分外郭之田，愿将父庶字耘东，号客野，接买夏家坊、横塘二契，共田十硕九斗八升零，捐入书院，逐年收租，为学外士子肄业膏火之费。又捐夏家坊一契二硕三斗，为敬惜字纸，修整字柜及雇人捡收工食之费，有余仍归作膏火。每年恳赏预考去取，分别正、附，送入书院。其捐田租谷，以岁科县、府、院案首三人，装运渌市，凭行照时价易银，接递经理交卸。每年除完纳漕饷外，按给考取正附士子，以资膏火。至街衢里巷，路遗字纸，必雇勤谨之人收拾贮柜，入炉焚化，投送江流，以免秽亵。俾花环百里，早开桃李之春；朵结五云，不割缥湘之爱。此日人文蔚蔚，鲤角搏风；他年经学雍雍，虎闱立雪。虽涓滴之分有限，而羽仪之盛必传。合将捐田尾契三纸呈缴，恳立案规定为成额，是否应详立案，谨候裁夺施行。

等情到县，除将呈缴捐田尾契三纸、饬房记档，并取各佃户认耕结状立案，俟秋稼登场后，扦明界址，过入义学、渌江书院柱内纳粮完赋外，伏查卑县邑志，前代并无义学，即社学数处，自隆庆后亦皆乌有。康熙二十四年，邑令陈九畤捐赀置买北城基地创义学，并置买田种二十三硕一斗四升，岁收租谷二百三十一硕四斗，以作师生束脩膏火，载在邑乘。后因世远年湮，所置田亩均为卖主子孙乾没。经前藩宪张核志饬查，前县谢滟逐一清查，追出原田，仍照旧额收租，并详定每谷一硕易银四钱，每年应完正南漕等银拾四两五钱零，动巢谷三十六硕二斗六升四合外，余租一百九十五硕一斗三升六合，作为馆师束脩薪水，并肄业生童膏火、纸笔及修理学舍之费。乾隆五年，奉前府宪马议详饬，令每年于义学租谷内节省谷四十硕，解充府学礼生膏火。经前县段一骏请照议定修脯之例，以四钱一硕折算解银。自乾隆三年追复学田收租起，至九年止，俱由县经理造册报销。即于乾隆九年，奉前抚宪蒋械饬归于儒学经管。经前县孔毓炎造册移交。自乾隆十年迄今，俱系儒学收租支销，径行册报，藩宪核销，并不由县核转。嗣于乾隆十八年，前县田彬续又捐赀倡首，将义学移建东城，增添学舍，始名为渌江书院。并因租谷无多，不敷支用，复倡率士民捐田十二硕三斗八升，岁收租谷一百四十九硕七斗，亦以每硕四钱变价，易银五十九两八钱八分，添充馆师脩脯、生童膏火及修葺学舍等费。自乾隆二十年起至三十二年止，以前历年租谷均系首士李正绅、何大淳经收支给，不由学经理田、前县亦未详明立案。乾隆二十九年，前县秦克让又捐田九斗五升四合，岁收租谷十六硕二斗，添充膏火。乾隆三十一年，县学相礼生彭天成、丁世洪援照府学礼生之例，禀请拨给膏火，以资养赡。前署县赵兴恺因其情词激切，枵腹难以办公，随将秦前县另置原田九斗五升零移学拨给相礼生彭天成等自行收租，亦未具详。乾隆三十二年，奉前宪卢清查书院规制案内，经前县杨鹏翮以续捐学田，又系首士经管，究恐侵渔弊混，备查颠末，议详统归儒学经理，年终造册报销。乾隆二十四年，前县许凝道任内，合邑绅士丁宗懋、谢成、阳元鸿、李辉、张九炯等公捐银三百两，置买田二硕五斗八升，岁收租谷四十硕，除纳粮一硕四斗五升八合外，余租三十八硕五斗四升二合。原议此项田租谷硕，每岁折纳银二十两，添充膏火。乾隆四十六年，奉前本府檄饬，加增府学相礼生膏火，于各佃内通酌派拨银四两解府。乾隆五十二年，前署县赵贵览捐银三百两，交绅士何树文领放长年加一生息，岁收息银三十两，添充膏火。嘉庆三年，前署县刘国永任内，邑童生汤际盛、汤杰斗、汤经元、汤得天捐田五斗零一合四勺八抄，岁收租谷十硕正。除纳粮二斗八升三合三勺四抄外，余租九硕七斗一升六合六勺六抄，添充膏火，亦经各该令移学经管在卷。今邑绅士李玉元等续捐田十硕九斗八升三合七勺三抄，岁收租谷一百七十硕零三斗，除完正折银漕米银十六两六钱七分。近年谷价较之从前加增已倍，照依中平市价粜谷，约只需动谷十七八硕，尚存租谷一百四五十硕，可易银百余金，添充膏火等用。又该绅士等捐惜字纸田二硕三斗，岁收租谷三十七硕五斗，除完正折漕米银二两五钱，照依近年中平市价粜出谷，约需动谷三硕五六斗，尚存谷三十三硕八九斗，可易银二十三两六七钱，除给雇人收捡字纸工价饭食外，约尚可余银数金，添资膏火。

　　查卑县书院田租旧额与现在新捐，每岁只可收租谷六百一十七硕六斗又加六斗，又加惜字田租三十七硕五斗，总共收租六百五十五硕一斗，内除完正折漕米等项谷五十九硕六斗零五合三勺四抄，又拨给府县两学相礼生谷五十六硕二斗，共除谷一百一十五硕八斗零五合三勺四抄外，共实存谷五百三十九硕二斗九升四合六勺六抄，实存前县赵贵览捐项息银三十两。以上田租谷内，除原额租谷，定有旧章，价值暨应完正折南漕各有额数，毋庸核议外，该绅新捐膏火、惜字两项田租，应请毋庸议折价银。每岁秋收照额完纳本色租谷，按照市值时价易银，加增馆师修脯、生童膏火、月课奖赏纸笔及雇工捡收字纸饭食工价等费，以归核实。理合将现在邑绅士李玉元等捐田数目，并卑县义学、书院历年收租各缘由，酌议条规，分款造册，呈请宪台俯赐察核，订定章程，批示立案，永为遵守。将见文教日隆，实皆鸿慈作育也。除径详抚、学二宪暨臬、藩、盐宪外，为此备由缮册具申，伏乞照详施行。

再核绅士李玉元等三契，共捐田十三硕二斗八升零，契载价值银一千八百两，按现在时值，约值银三千一二百金，实为好义崇学，可否仰邀奖励之处，出自宪恩，合并附详申明。

又正在缮详间据，监生钟鸣善、钟鸣璋捐银四百两，监生廖之炳捐银一百八十两，先后禀恳捐入书院膏火，除将呈缴银两，饬令书院首士置买田亩另报外，合并声明，须至册者。

嘉庆九年八月二十九日，署醴陵县陈光诏详。

府宪张批：仰即遵照，另檄造具册结妥议，具详察核，仍候各宪批示。缴。

公　禀

募捐择聘公禀

为恳培文教，申详定规事，邑建书院以育人材久矣，旧依东郭，近建西山境，远嚣尘，人安弦诵，择地颇为得所，惟主讲屡由上荐，未饬自延。以束脩一项，邑仅有义学田，向归两学师暨礼科经管，岁入折租钱八十串，外叠蒙前宪栽培，捐廉一百二十串。虽多历年所垂为定额，究系脩脯大薄，屡致讲席空悬。前宪崔访知其弊，思挽其颓，捐廉四百串，并劝潘祖垓等乐捐书院束脩田亩六契，共计田种一十九硕有奇。妥议章程，酌增薪俸一百四十串，合前额共钱三百四十串。公选经理访择师儒，免烦上宪荐引，致多曲折。前聘潭邑张君本裛来岁主讲暨书院事宜、田租多寡、经理职名，缕禀前宪在案，兹幸福星临镇，雅化作人，为此公恳大父师，斯文主宰赏赐，申详定案，庶教泽覃敷，士林永赖，深为公便。

邑侯张批：据禀已悉，候申请立案可也。

募捐择聘公禀

为募捐择聘，恳饬立案，以垂久远，以宏作育事。切以培植人材，端由庠序，维持风化，道在师儒。故立教惟期有方，以言教当以身教，而择师尤所宜慎，求经师更求人师。职邑渌江书院建自先代，传经赖有达人。

泊乎本朝主讲，益多名士，遵先民之矩镬，为后学之津梁，固已仰被皇仁，咸沾文治矣。但学校虽设，经费未充，膏火无多，仅给诸生之廪，束脩甚菲，殊惭弟子之仪，计义学之租息，合邑尊之，捐廉掌教，届一年之长，馆金惟两百之数，纵甘淡泊，儒风首蓿之盘殆不鄙，而念关山远道，往来之行李无资，以故荐牍时颁：

司衡实切育才之念，无如廪庖莫继，大匠难为造士之情，或裹足而不前，或起馆而旋去，讲席空悬，儒林失望，职等仰体宪天作人雅意，再四思维，若非春诵夏弦，课常功而罔懈，未免十寒一暴，等生物之易颓，用是募捐田种十有余硕，酌增俸钱百四十串，每岁得自延师，专严勤责有攸属，终年不至废学。性、道、教具见本原，第思文教振兴，固藉栽培之义举，匪恳钧批策励，难期久远之遵行。为此伏乞大人斯文主宰，嘉惠士林，赏准定规，申详立案，嗣后聘请，任自访延。俾师道立而善人多，艺苑储栋梁之选，学校隆而士习正，公门敷桃李之荣。

切禀府宪。张批：据禀该县渌江书院经费未充，经该职员等募捐田亩，加捐山长束脩，洵属作育人才、振兴文教美举，醴陵县即传该职员等妥议章程，具详察夺，原禀并发仍同缴。

潘宪批：地方建设书院，所以作育人材，据禀该县渌江书院经费不充，馆金非薄，募捐田硕，酌增主讲薪俸之资，俾得访延名师，振兴文教，殊堪嘉尚。仰醴陵县查明，通详立案，以垂久远。

定书院规条公禀

为遵批禀覆，拟规请裁事。窃学问由观感而兴，心思缘静专而一。故优绌非并形，则管窥自囿，襟期多旁午，则系治难禁。是以书院之设，先严考取，肄业以此定其规。继核品题，膏火视此区其等。且经理有司，诵读无会计之扰；升降有法，勤惰寓惩劝之心。无非广为嘉予，雅意栽培，各邑皆有章程，非醴妄为臆度也。邑渌江书院移建西山，幽静之卜既宜，课程之矩宜植。去奉前侯批谕，妥议公呈，续因公藏稽延，致迟禀覆。兹幸广厦次第观成，荷聘名师，典型树帜，谨酌旧章，兼谘佥议，缮呈均鉴，乞赐鸿裁。

查旧规，肄业只论居斋，不拘考取，虽年年录送，究未遵行。所有原额书院田亩，详定学师经管，除报销外，仅存折租钱十六千文，岁给生童膏火。其邑绅续捐南乡铜瓴田租十硕，南山嘴田租十硕，北乡柘塘坪田租二十一硕，西乡满洲塘田租十硕，俱系生童并给，自管自分，并无首事经理。惟李玉元捐夏家坊田租二百一十五硕，崇供在院童生膏火，及捡收字纸工食，而生监仍然不敷。是以历年肄业童生及生监居斋者，彼此通融收取，毋论生童，总照人数分给，并未执定旧章，皆系私相授受，亦未禀请存案。再查李玉元捐项。原议岁科县、府、院三首收租，易钱分给。嗣因三首并不来斋，经理仍由肄业诸童运粜公分，事甚烦扰。去岁据捐裔李家諴等禀呈：膏火照伊父叔原呈，每年考取正、附散给在院士子。三首既未肯综理，

请更经管，免肄业诸童公收，人多口众，致有拖搁粮饷、骚扰
佃户及因田山讦讼出入衙门等事。奉前宪彭批：饬书院首士妥
议。复面谕李家謜等禀覆。兹已功竣启馆，爰集金议，谨拟将
李捐之膏火照原崴给童生，南乡南山嘴、北乡柘塘坪、西乡满
洲塘四处崴给生监。其学师折租钱十六千，仍生童并给，只添
公举首事经管。所有生童住斋，先尽取录，如未取而愿来学者，
附录额外，候正、附缺出，循序补入。此外，如再有续捐膏火，
亦生童并给。如此酌议，与原捐不背，详案亦符。凡遇报歉踏
灾、收租运粜及完纳粮饷分给膏火诸事，概归首事综理。俾多
士争自濯磨，人先是忕，矢怀专一，尘扰无虞。横经之志既坚，
文运之开可必，是否有当，统希鉴裁。合呈规约，伏祈大父师
察核厘正，晓喻书院，抑或转详上宪，永定章程，阖邑人士咸
切培植，铭感无既，上禀。

道光十一年　月　日进

邑侯李批：查阅规条，甚属妥，协准饬房立案粘存。

张文纶捐书院考棚岁修田禀

为捐田备公，以资岁修事。恭惟作人垂雅化械，朴传薪樵
之歌，取士著休风云，汉兆登庸之路。是以整修书院，特隆学
校以诵弦，亦且建立考棚，群向文场而踔厉。醴邑（书院、考
棚）前合成于一地，近分设于两区。西山之讲席肇新，圣池水
绕。东城之试闱仍旧，状元洲环。生与赞勷功已告藏，但经始
既谋于此日，善后更筹夫他年。向牖户而绸缪，工需资斧，计
岁时以补葺，事赖解囊。追念趋庭之初，曾嘱捐田之举，口惠
当实，敢昧前言，手泽犹存，应遵先训。幸逢福星临镇，屡喻
加意栽培，爰书捐契，以谨呈田计一硕六斗之多，种亩仍照老
契，并将额租而详载，谷纳二十余硕之数庠量，均照原租票立
新名。每岁先输完国课，佃任公择，到秋均送归首绅。固知涓

滴无多，只同一臂之助，更冀慷慨共举，另候万石之来，肃缮
芜词，悬赏钧批，饬礼科以存案，邀鸿裁而定规，庶马帐高悬
诸士乐，尺盈之地鸿逵渐，达群英快寸晷之檐，不惟生可抒愿
于衡卢，即先人亦叨光于泉壤矣！谨呈。

邑候谢元谟明府批：该生谨遵遗命，将价买余觐嵩地，名
龙山港田亩，捐入书院、考棚两处。以每年租谷为岁修之资，
遵训乐捐，实属可嘉。着将买余觐嵩与曾锦云兑就契据，缴案
以凭，发交两处首士临田查明丘数、塘坝、山岭四抵界址，立
案可也，捐契附卷。

规　条

束脩规条

束脩向例邑尊逐年捐养廉钱一百二十串，两学博收义学田
租，备钱六十四串。礼科亦收义学田租，备钱一十六串。后崔
邑侯莅任，见脩脯过俭，非所以重道隆师，因捐廉置产，暨募
邑绅捐田二十六硕有奇，每年增束脩钱一百四十串，并旧规三
百四十串，以二百四十串为束脩，六十串为薪水，二十串为节
礼，二十串为丁役辛工，按三节呈送。邑尊、两学师及礼科备
钱之数仍如原规。

山长向由上宪札荐后，经崔邑侯详定，由邑尊与首士聘请。
首士必先年具聘仪，请邑尊函学关敦请山长，而山长次年仲春
初旬起馆，首士务宜衣冠整肃率诸生上学，以示殷勤。

束脩首士必择宿儒望重者董理，又须三年一换。老首士交
卸，须将契据出入数目逐一交清，毋得遗漏，致新首士无从

查核。

首士经理束脩事宜，每乡各举一人，庶一二首士有事归家，山长起馆解馆赘仪束脩，不至无人备办。

山长起馆时，邑尊及两学师送诸生上学，邑尊具赘仪银四两及香烛酒席等项。首士亦具赘仪钱二十串，备酒筵一席，上学后请山长及邑尊、两学师小饮，越数日束请，山长到兴贤堂陪宴。

束脩田种二十六硕有奇，岁收租谷若干，每值秋末冬初照时价变售若干硕，以备本年山长束脩及国课等项经费。下存有谷，必须留待来春价昂出粜。其钱除起馆赘仪、请山长酒席并蒲节束脩费外，所剩均充作膏火，以示鼓励。至新租初收价贱，首士不得预先售卖，以滋弊端。

醴邑钱法向无庄钱、行典、饷典诸名，近因商贾逐末，致有各样名色。凡兑山长束脩宜用"九九七"，典钱不得援市通用。

收租时，首士宜切实查察，遇有刁佃、拖欠、盗典、私顶、更换田丘等弊，即当摈退另佃。至庄屋、园土、坡塘、山岭、竹木等项，有侵占盗砍盗葬，即时禀究，不得徇隐。倘遇修整等项，务先告知首士，公同踏看，果系当修，估价酌给。仍令佃户书立领字存首士处，不得私行修理，揹租抵扣。即遇水旱虫灾，亦应于未获时报知首士，看明酌减，减后不得拖延。如管数人及雇人符同佃户作弊，减后从中分肥者，查出重处佃户，仍令照额全纳，断不允稍减，即行退耕。至各庄承佃本人身故，其子孙诚悫者，应令更换佃字，以免少租推委，否则另招妥佃。

各庄远近不一，早晚租谷，近者佃户挑送，远者雇船自运，佃人挑送入船，远近船钱按地给发。如就地变售，船钱不得。出局内用数，或遇价昂，公同酌易，不得一人擅粜，及自家子弟贩买，若有从中作弊，以贵报贱，一经查出，除追还原价外，公同重处。

束脩原未设局，首士即于兴贤堂内寄寓，其火食堂内暂垫，年杪逐一清给，不致因公累公，以干未便。

各堂俱设有管理数目者，该会较各公事，出入稍减。另设一人，未免耗费。因将数目概归兴贤堂管账人经理，每年给薪水钱四串，而首士亦宜不时稽查。

束脩、膏火、岁修三项契券，向多散佚。今已汇齐，统归束脩首士经管，置箱收贮，存兴贤堂，遇有事故，以便查阅。

书院膏火规条

书院斋房原有成数，凡遇考取生童有为家事羁身，及别处从师就馆不能住斋者，不必赴试，致防去取。其应考者，生监正取十名，附取十名。如生监赴考应取者不能满额，即将所余之额裁给童生。童生本额正、附各取三十名，通计生童额课共八十名，务必居斋诵习，先期照所取之名，出挥定坐，毋得观望不前。其余与考生童，虽未经取录正、附课名，仍按其文理优劣，挨次填榜，无论人数多寡，统列额外附课，以备取录。生童内临起馆时，有故不到者，循序补入，总以额满为止。至此外尚有未预甄别而愿住院肄业者，必待起馆后坐列有余，方可入斋，勿得先进斋房，混占已考生童之位。

书院膏火，邑志所载旧额田亩原详定，两学师经管。每岁除报销外，仅余银二十两，折钱十六千文，外捐买田亩三十四硕有奇，岁收租谷及铺屋行租钱，每年七斋，公择殷实老成二人总理，凡遇报歉踏灾、收租变价及分给膏火各项，俱由总理调处，其余肄业生童毋容干预。

总理一年一换，交卸之日务将经管数目一入一出核算明白，倘有侵渔弊卖，一经查出凭众处罚，毋得徇情，凡司其事者设立数簿登记出入，岁收各处租谷易价，除遇岁歉酌减，检收字纸一切公用开销外，其余分给在院肄业生童，以资膏火。

住院生童月课，无论官课、馆课，每课甄别超、特、一、三等发榜昭示。设立课簿，挨次登记，公请山长收存。散馆之日，发交总理。超取一课作三课，特取一课作两课，一等仅循其分，俟将所收租谷易价，除公用余钱若干，核算每课得钱若干，照等级按课数多寡分给，以示奖励。其未住斋者虽取录正、附，不能觊觎。

每月馆课、官课原有定期，日出领题，日入投卷，不许迟延。如生童应课有无故连旷三课者，按照课期于课簿内将前后所应之课扣除，三课不算，倘本人并未到斋及居斋而倩人代庖，一经同事查实禀告，山长本人除名代庖者，亦扣本课，以严顶替，以儆怠荒。

生童因事告假，或朝出暮归，或二三日，或有紧要家务为日迟久者，俱向山长面禀。除朝出暮归为时无几不注假簿，其余登记销假日期方可出院。如不告假而擅出，及假满而另有事件并不来斋展限者，以犯规叱出。

书院为生童肄业之所，理宜闭户潜修，以文会友，以友辅仁，毋得朝夕应酬，闲过白日，甚至群饮博弈，比之匪人。其戚友因事入书院者，亦宜交道接礼、自爱爱人。如有来去无常、闲谈嬉笑，因而荒废功课荡检逾闲者，许同斋面禀，山长以犯规扰斋各加惩治。

生童各立功课簿一本，每日清晨、午间、灯下功课，逐一注簿。如理经史，何书于何起止，理古文时，文某篇、诗某首，学书临某帖，据实登填，候山长不时抽阅叩问，总期切实用功，毋庸虚假。如有捏填者，自欺欺人，甘心暴弃，以犯规呵出。

书院肄业生童，或有讼事在身，须面禀山长，权将行李搬出。俟讼事浸后，方可居斋应课。如有不遵规条，公请山长将膏火扣除，以肃学规。

书院为名教重地，凡假名肄业而希图包滥词讼，甚或与署内人往来，不惟有犯斋规，亦失儒生体统。院中遇有此人，斋长须禀请山长发条扶出，并将膏火扣除，以示惩戒。

书院前后左右山岭树木，久奉宪禁，凡建造公用及整修庄屋等项，不得向山采取。门堂夫责任看守，倘遇各斋夫有入山盗砍，及挨山之家犯山者，即宜报知斋长，从重处罚。至门堂夫自供灶需，亦只许拾枯枝寻败叶。如擅行砍伐，除逐出外，送宪重究。

醴邑近年山厘较前更夥，奉前明府张详定每年将山厘二百串奖励书院诸生，其钱交束脩首士经理，积息置产，永为膏火之赀。在院生童不得逐年分给。

东斋伙夫三名，西斋伙夫三名，靖兴斋伙夫一名，每名备抵押钱十二串，立承认字交束脩首士收存。所有本斋床铺、桌凳门壁、限扇及厨下什物，逐一填单，不充之日照单交清。如有遗失损败，即将抵押钱扣赔，生童住斋者岁给工钱六百文、炭钱六百文，倘不服役，随时驱逐。

书院头门设立门夫，司启闭，禁宵行，务于黄昏关锁，钥匙交山长，内堂不准无故出入。每年给工食钱十二串，公置筲篮二只，捡收书院及街道字纸，一月一次，贮炉焚化。至散馆后，经管院内什物，毋得疏虞，致干赔累。

收租、查佃等项，照依束脩章程不赘。

岁修规条

书院讲堂内外，屋宇损坏，门堂夫向首士报知。首士看明，然后倩工来院逐一修整。其所需木料砖瓦，皆岁修备办。至各斋捡盖屋宇及修整床铺、桌凳等项工赀，一切出自岁修，食用各斋自备。

治东考棚，士子梯云初基，风霜侵剥，捡盖在所必需。但岁修所入之项无多，统归修整，势有难全。历已酌定章程，讲堂及内堂屋宇，岁修出赀修整。东西两旁号舍损坏，皆兴贤堂补葺，不与岁修之事。

岁修田种仅三硕有奇，每岁所入租谷只堪作修葺之赀。倘有赢余，亦须铢积，添置田产，以备后日不时之需，不得分给肄业生童膏火。

岁修事宜，束脩首士兼理，肄业生童不得干预。其出入用费数目，仍归兴贤堂掌数人经管。

收租、查佃等项皆照束脩章程不赘。

山长姓名

陈君梦元，号体斋，攸县，进士，官检讨充三通馆纂修，前后掌教九年。

余君廷灿，号存吾，长沙，进士，官检讨充三通馆纂修，掌教四年。

李君在青，号白桥，湘潭，进士，官内阁中书。

蒋君涵灏，长沙，举人。

黄君旭，号东谷，长沙，举人，官湖北定襄知县，掌教三载。尝题书院联云：假馆已频年，愧学浅才疏，只窃取专严勤三字；及门凡几辈，羡堂升室入，好同参性道教一原。又联云：搜文教，振文风，山长勤能还凭邑宰；端士习，伸士气，地方责任半属师儒。

王君继之，号白渡，湘潭，附贡生，任嘉禾训导。尝题靖兴寺联云：英雄暂住亦留名千百年，此地布金，共仰神灯佛火；豪杰挺生须立志二三子，他山攻玉，好听暮鼓晨钟。有诗记列艺文。

左君宗棠，号季皋，湘阴，举人，官东阁大学士、一等伯爵、太子太保、兵部尚书兼都察院右都御史、总督陕甘等处地方、提督军务粮饷兼理茶马营巡抚事加三级。

俞君廷璋，举人。

龙君瑛，号白华，湘潭，翰林院庶吉士。

彭君兆棣，衡山，举人。

沈君定培，号瀛洲，长沙，举人。

徐君鸣彝，举人。

罗君汝槐，号研生，湘潭，拔贡。

周君锡溥，号子佩，湘阴，举人。

谭君湘芷，长沙，举人。

易君卓，号墨村，长沙，举人。尝题书院联云：沅澧共澄鲜，独此间渌水钟灵，到处原泉香出醴。衡庐依咫尺，愿吾郡丹梯接武，及时溪谷蔚为陵。

张君晋本，号浣山，长沙，举人。有诗列艺文。

罗君云襄，号秋潢，善化，举人。

俞君锡爵，号鹤皋，善化，举人。

黄君兆麟，善化，翰林院编修，官御史。

陈君檀，号竹禅，举人。

张君本翥，号云仪，湘潭，副榜。有记列艺文。

文君岳英，号小南，衡山，主事。有诗列艺文。

萧君玉铨，号庚笙，江右昭萍，翰林院编修。记名，御史，国史馆协修，前后掌教三年。尝题书院联云：讲学追前哲，求放心，致良知，义利必严，愿同堂省察克治，率兹往训。培才冀大成，先器识，后文艺，明新有本，统异日功名事业，裕此匡居。

魏君石山，长沙，举人。

皮君炳，号文舫，善化，举人，掌教二年。

湛君宗和，号汎仙，湘阴，举人，考授咸安宫教习，大挑知县，前后掌教二年。

邱君庆诰，号紫山，浏阳，举人。

何君拔秀，号简庭，湘潭，进士，官常德府学教授。有诗列艺文。

程君霖寿，号海沧，宁乡，举人，官城步教喻。

王君介祺，号芸阶，安化，亚元。

萧君涛，号星槎，安化，举人。

张君百基，号绍衡，长沙，举人，加盐运同衔。

谭君世翊，号藻庭，善化，举人，历任武冈教喻。

邵君声鋆，号沃秋，浏阳，举人。

备注：根据赵伟《渌江书院的兴盛与变革——清代地方书院运行实态》（湖南大学出版社 2019 年出版），书中提到，此志中山长姓名部分记载有误。此处暂未修改，均按照原始信息录入。

卷　二

艺文志

昔钱塘瞿存斋佑序，鼓吹续音，谓其人可重，其事可记。虽所作未尽善，亦存之以备数，此著述本意也。兹照县志例编辑艺文，各体分类区别，时代先后逐加订正，并搜罗散佚，增县志之所未备，总于书院。靖兴寺、红拂墓及西山左右实有关切，足资考证者，无论卓然大雅，固为选入。既纯疵互见，亦不妄删。其余无相关者，虽有佳作，概不收录。

引

清

初建渌江书院并劝捐膏火引

管　乐

士习之下究也，为民俗；而其上章也，为治绩。养士之法，可不预为计乎？董子曰："郡守县令，民之师帅，所使承流而宣化也。"今世郡县书院之建，其任承宣之责，犹存养士之遗意欤？书院之名始于唐，而其作人也盛于宋。其时，二三大儒各就其所之之地，教育一方，然非天下之通例。观胡瑗以苏、湖二州教授入为大学，而一时名贤硕士多出其中。降及南渡，朝政日非，三学诸生奋袂争论，前后称君子者不一人。则宋之人才大半出于学宫，不徒恃书院也。后世而变矣，郡县学仅以庙祀圣人，并无庠舍，学者各散处于言庞事杂之地，所以乱其耳目心志者实多，异端蜂起，圣学榛芜，故其势不得不尽天下郡县别置作人之所，以萃其涣。

我圣祖仁皇帝准今酌古，振兴士类，特令各省并置书院，所以陶冶一世之人才甚详而有法。一时郡县翕然同风，率多有书院。予孟夏来宰是邑，诸务未遑，绅士何子朴山辈告予曰："醴陵自超然书院既废以来，士无萃涣之地，署县凌侯方谋兴建，事未举而迁任去，公其为我邑之文翁可乎？"予喜邑人士之留心文教，先得我心也。退取邑乘考之，山名君子，洲号状元，池鲤角生，江龙钟化，秀杰之气已见于山川。而有宋吕伯恭先生又尝讲学于此，士感慕奋兴，后世遂建东莱书院以养士。故宋之为理学者二人，为忠良者七人，登进士第者十有五人。元明而后，浸以降矣，夫非养士之泽微欤？然则醴邑之建立书院，又宜急于他邑。今幸邑中绅士衰集，公会多赀，经营相度，鸠工庀材，书院规模大略已具。又兼列考棚几席，以为将来县试程材之地，且拟置养士之田若干亩，其费甚大，非独力捐俸之所能为。故设簿劝捐，愿与邑人士共图之。

往者，衡阳左公松操莅吾零都，与诸生谋创零阳书院，不数月而酿金五千两有奇，以其五之一资营建，余置租田五百余硕以充师生俸薪，故馆塾得聘名儒，负笈来游者日加益，零人士以为美谈。左公以湖湘贤俊泽流西江，予西江士，今忝为湖南邑吏，宜有以循左公之轨辙，而零士之应左公者如响。揆诸醴陵人士之心，得毋不参异同于其间乎？然则是役也，可指日而就，而醴士之风气骎骎日上，予固可翘足而待也。民俗之移、治绩之奏，皆庶几于斯肇之焉，遂书以为引。

记

清

移建渌江书院记

陈心炳

邑有书院，所以振兴文教，培植英才，其由来者旧矣！我国家重熙累洽，久道化成，党庠州序，学校如林。士之涵泳圣泽，沐浴德化者，莫不洁修砥行，争自濯磨。醴邑固人文渊薮，自宋吕东莱先生与紫阳朱子讲学而后，名硕辈出，其间登仕版居清要者，代不乏人。而欲广圣天子作人之化，衍数百年道学之传，非有以储其材而造就之，乌乎可！县治渌江书院创自乾隆初年，后亦累经修葺，兼造东西考棚，其为嘉惠士林良非浅鲜。

丙戌夏，洪水为灾，衙署、庙宇以及居民庐舍，均遭漂没。书院虽处高原，而历年久远，风侵雨蚀，势欲倾颓。余于是冬莅任兹土，借为公廨，目睹心恻，谋所以重修之，缘公件殷繁殊多，竭蹶未遑也。岁戊子，衙署告成，诸事亦渐就理，兼以时和年丰，民气顺畅，使群英肄业之所不急为营缮，非所以重师儒而崇学校也。因商之学博曾公彰馥、吴公鲸暨城乡诸君子，咸以为是不可缓。旋据阖邑绅耆呈称，城市嚣尘，纷扰多故，兼书院并考棚一处，讲习固非清静，考试亦难关防。数十年来，原有徙建之议。考邑乘，宋淳祐间，有西山书院在治西里许，今河西靖兴山，殆其遗址，水绕山环，文星朗耀，洵属名教乐地。至考棚应在城内，仍旧修葺，此诚因地制宜、一举而两善备焉。予即通禀上游，蒙准在案。第工程浩大，勉捐廉俸，恐于事未必有济。爰择首事劝募以分其劳，所幸门多通德，不少急公好义之人，共有鼓箧怀铅之志，百里同心，捐输踊跃。考棚告竣，旋度西山购良材，兴版筑，先头门，次讲堂后厅，又次东西斋舍以及厨湢井厕，无不备具。俾学者远尘俗之嚣，领清幽之胜，于以藏修息游，砥砺文行。将见英才蔚起，承道学而振科名，胥于斯卜之矣。

是举也，经始于道光九年己丑八月既望，越庚寅季秋，将观厥成，适予以内艰卸事未即去，邑绅耆咸以记请，予因备述是役之本末前后，俾后人知所缘起，则余于兹土利病，虽未尽按次兴革，而于学校不无小补云：董其事者，则李君心池、阳君善澧、李君枝范、文君大淳、张君在田也。例得备书，是为记。

捐书院膏火田碑记

贺增闻

宋施武子只承父训，市田置书资学人之博览，明蔡天章居家孝友，置三学膳田举行乡约，斯皆加意风教，贻令名于奕禩者。闻何人斯敢谬，窃其绪余哉！第向慕维殷，恒不忘前烈之纯淑。若书院膏火族祠考费，尤其平日所厪念者焉！己巳夏月，闻以此意告之堂叔松严，叔欣然曰：此义举也，吾当与子共成之！于是合价购两处田种，书立膏火捐契，呈请县大夫福杏堂父师批移定案，种数、租目详具于左。顾或者曰：今尔财产几何，而欲矫行掠美，得毋为素封人笑乎！予曰：不然，士各有志，亦惟行其心之所欲行而已。吾辈生当盛世高曾，亦享升平之福，顾兹顽然七尺，无寸长可录，将何以报鸿恩于万一欤！今虽行潦涓滴，原无补于瀚海之宏深，而享帚自珍，几忘狭隘，所冀青灯继晷，黄榜联辉，潋上蔚华国之材，梓里分霖雨之润，则此区区数亩，不且与礼耕义种，同滋奕世之膏渥也哉！

捐岁修田碑记

张文轮

渌江之有书院而兼设考棚，旧矣。书院膏火之饮助，亦日益矣。尔年，邑首士以考棚近县署为宜，而书院则宜远城市，仰体圣朝作育之旨，请于邑尊陈葭塘父师，度地于本邑对江，迤逦而上，营建渌江书院，乃以旧书院专为考棚。予尝与赞勷，窃羡一移易，而渌上人士佥称善，因念予先严存日，曾嘱捐田归公，以为公项一助。兹书院、考棚两处工告讫功，用遵遗命，将地名龙山港田种一硕六斗、粮九斗零四合，租二十三硕，捐为书院、考棚逐年检盖补修之资。前具呈上告邑尊谢云湖父师，查验捐契票名，署公安佃任公，且期经管诸缙绅先生矢公矢慎，以为永远章程。从令书院新而日新又新，文思捷开，桃李趁春风而竞茂；考棚旧而由旧胜旧，轶材利试，骐骥步青云而连登。则此区区数亩，岂不若土壤有以助泰山之高、细流有以资河海之深也哉。是为记。

红拂墓官山清界碑记

武继善

县治西隔江山曰靖兴山，相传唐李卫公靖曾驻兵于此，其姬红拂随行，遭病适卒，即葬是山，墓尚存焉。越今千余载，永为官山。山右有靖兴寺，盖当日卫公兴此为保墓计也。寺因墓而建，墓依山而存。若山失，墓必不保，墓不保，寺将焉讬。乃住僧私将官山售葬，而附近居民更藉久经侵葬之故，冒山肆争。随查，红拂墓下累累多冢，皆系民间占葬，一传再传势必官山尽失，而红拂古墓亦混而莫考矣！予忝守斯土，竟任名迹湮没，顾而弗问可乎！爰跋涉登山，清理界址，其山上至骑峰，下至江岸，左右俱至两冲，四至之内永禁进葬。其现葬之冢，姑免迁移，仍令寺僧早晚看守，以承当年建寺之意。庶几，官山永峙，古墓长存，而红拂之名足千古矣！此非为传红拂也，正以传卫公耳。是为记。

修靖兴山义冢记

王继之

　　邑治西岸靖兴山，为唐李卫公屯兵处。渌江书院在其阿，靖兴寺在书院之东，又东为红拂墓。癸酉暮春之初，与友人由寺侧穿云适墓，碑石俱仆，题咏半剥落不可读。回望来往，古冢累累，询知历属官山，旅骸叠葬。睨而视之，或穿或塌，或如圭如带，如残月，如断霞，荒烟蔓草，又翁蔚不可悉辨，思有以葺之而未能也。越数日，少府方莼香先生以修冢告，因叹曰：“先生乃先得我心者也，抑何言之易也！”先生曰：“已禀邑侯谢公云湖，已酿钱五十余千。”秋七月既望，先生命工荷镰，插具畚筑，刈萝葛，搜严谷，补破增高，自山足而山腰而山脊，次第修理，碑禁樵牧。计再越月，计工四百有余，计冢两千一百有余。向之鸦集鸢衔，今皆肃然；向之狐栖兔窟，今皆荡然；向之断碑残碣，今皆秩然矣。

夫孰不好义，然历数百年，岂无有蒿目怆怀者？类目击心恻，过后辄忘耳！先生位匪尊、力匪厚，以义力任，是以泽深，其他政悉类是。余忝长此山讲席而已，愧袖手矣。他年颓废，其有感而兴焉者乎！邑人心朴茂，方议育婴义举，先生悉有以成之也。因记其事，而书之于寺壁。

附　录

宋

修复莱山书院记

宋　渤

醴北四十里有山，蜿蜒深秀，中有一区，盖曩时吕氏东莱讲学处也。吕氏学崇关洛，尝与新安晦翁同撰《近思录》，其学能变化人气质，故晦翁亟称其足以范俗而垂世。当晦翁在台日，东莱过访，侨寓醴陵，因往复辨论而直揭宗旨焉。醴人士望风景从，争相亲炙，于是即其地构斋舍，辟讲堂，而莱山书院之名以肇。泊乎历时既久，往迹渐湮，致使先正遗规，嗟兴衰之靡定，亦其数然也！夫道学之兴，至我朝而始显。天圣以还，名贤辈出，圣学昭云汉而灿日星矣。东莱生平著述实足以羽翼经传，其风师百世也固宜。士诚有志圣贤，即令前不见古人，犹将寻茫茫之坠绪，而况师友一堂，素心尚堪遥质，可不求所依归也乎。

今醴陵诸君子景前哲之懿型，振多年之废坠，榱题栋宇，拂拭一新，气局规模，爽垲非故。从此人文荟萃，相与弦诵鼓歌于其中。吾知渊源可接，羹墙几席依然，俎豆一先生也，岂非甚盛事哉！余故因罗琬千里来请，乐为之记。抑余有申之于师生者：旧观既复矣，废田既还矣，肄业之道盖不容懈矣。若曰昕夕可以饫，休沐可以媮，旬余一集，缀缉词章，从容登座，以苟应故事，唯数百言而止，无难析之疑，无劝惩之效，岂前辈讲习之旨哉？岂远近识者所愿望哉？则必曰圣学务本孝弟、亲仁，尔身将何先？大学之道，明新至善，尔身自何修？笃志、深造、寻绎，所以为己之急务，使世之欲求绪言，欲访成德之士，得问津于诸君子，岂不尤贤乎哉！不惮赘长，复附诸后。

明

超然书院记

朱三才

余初奉命入醴，首问民风，旋探士习。醴人每言人文渐不逮往，余窃疑之。及理政之余，时进子矜辈谈经试艺，觉磊磊多奇，彬彬欲蔚，似人文气候有待而充者，其事之未振欤？抑地之弗饬欤？询其故，以士会文无地也。一日，集同寅诸公于郊北文昌阁，但见鹤岭护左，凤山拥右，玉屏醴泉，前后四顾，负郭抱江，无边奇丽，揽在眉睫，意其开文之襟怀，活文之机趣者端在兹乎？余为会心久之。循墙偏历，惜无余地堪创别业，喜阁之西虚处可培，高处可平也。因捐俸诹吉鸠工，拂土以夷其凸，垒石以补其陷，伐木而蔑栋之，榱桷之中辟一课堂，堂后回以廊两耳小斋，共十间，以供静习。窗楹轩敞，垣砌蝉联，始于崇祯之辛未，至癸酉告成。

仰瞻之，亭亭乎遏飞鸟而宿流云；环视之，跄跄乎引游鱼而巢贺雀。翠柏苍松，修杉馥桂，疑虹焉，疑龙焉，气象若翼而增高，豁而增美，此超然所由名也。登斯堂而凌霄，揽汉水带山屏，则超于境也。登斯堂而返照，迎霞缭青紫白，则超于景也。登斯堂而构想抽元，将问花借意，听鸟说机，则文思之超。登斯堂而奋志脱颖，将瞬刻天游咫尺昆阆，则身位之超。至若气若云霓，光争日月，则又事业之超于他日者矣！即一望闲，令人动灵杰之感，岂但山川物色之胜也哉！是役也，结构孔劳，磨厉更广，奎璧之神实式牖焉。时协赞则学博梁名可柱，董率则巡司焦名待庆，而与事诸生及视工耆老，并列于碑阴，以俟后来同志者。

清

文成书院碑记

张尊贤

立文成书院者何？所以崇先儒励后学也。励后学而必崇先儒者何？所以宏期待、定依归也。宏期待定依归而必以文成者，何以其曾棲息于此，仪范昭然，遗韵犹在也！余承乏兹邑，披揽志林，见昔名人辈出，如宋之丁杨皮吴，元之黎李，明之徐唐赵旷，接踵青云，甲于衡湘，今竟越数十科，莫嗣好音。固由进德修业之未力，亦鼓励作兴之或疏也。每于簿书纷错中令多士战艺，而谬加品骘，已皆蒸蒸。然振鳞扬鬣大异乎旧矣。因思居肆成事，敬业乐群，鹿洞鹅湖，由来称美，心焉企之。丁未岁谒文昌帝君，顾瞻右翼，旧有超然书院则已圮矣！爰依其故址建庭宇三楹，寮舍三楹，复视文昌祠之颓毁者，葺理一新，举凡有志进取，成人小子皆得居此而肄业焉！寒素者资以廪糈，供以笔札，俾其用志不纷，以底于有成。更设文成公位于中，尸而祝之，使朝夕仰止，是则是傚。良以公初未尝有奇学异闻，不过充此良知良能而极乎。其量遂足以发闽洛精蕴，绍孔孟薪传，及至戡定变难，勋名烂然，使从来言道学者咸逊谢，莫与诸生勉旃，志其所志、学其所学，则昔日未得志之文成，一今日之诸生，他日得志之诸生，一继起之文成。以是自期待，庶期待不薄，以是为依归，庶依归得正，予于是有厚望焉！

近思书院记

许凝道

先儒流寓之乡，当时被其教泽，后世奉为烝尝，一以见人性之善，一以垂则古之思。有宋朱子尝流寓醴陵，生时绘有画像，自题绝句："苍颜已是十年前，把镜回看益怅然，临深履薄量无几，且将余日付残编"是也。没后，醴建朱子亭，辰州同知宋公重镌遗像，今其像尚存，而祠宇久颓，学者伤之。乾隆三十八年，予莅任兹土，邑人士复建朱子亭于渌江书院之东，予忻然乐观其成，题额纪事。

再惟先儒吕子东莱亦尝流寓此邑，于莱山授徒讲学，后人建莱山书院祠之。参议吴公又建祠于县北，亦皆湮没无传。而功令现有春秋致祭，动用公项银两，后人因设其主于崇圣祠配位。夫崇圣祠皆祀先圣先贤之所，自出吕子东莱称先儒，从祀孔子庙庭。东莱尝与朱子同著《近思录》者也，今配祀于崇圣祠中，义殊不经。爰考综祀典，谨以吕子东莱并祀于朱子之亭额，则题为近思书院。考朱子与吕子作《近思录》，原未载手泽之地，然朱子有道乡之遗，吕子有莱山之迹，今其没后千有余年，尚俱崇祀不衰，廉顽立懦，百世之师，则虽谓《近思录》作于此地可也，醴陵之人士其尚知所宗仰也夫？

重修超然书院记

蒋　晟

举废堕，修敝坏，邑宰事也。况地关道学，先民有作奎璧之曜且照临之，吏斯土者敢听其为墟乎！超然书院在城北文昌阁之西，创自有明，兵燹以来，阁仅存而院毁者数十年。余莅醴之三载，始得捐俸鸠工，仍旧址而建之，阁亦重修若新，今而后邑诸生讲学横经于是乎。向往上与鹅湖、鹿洞争相辉映，文昌有灵当式凭焉！醴之人文自此其盛哉！是院建于辛巳夏五，成于秋八月，仍名曰"超然"，举废修敝不忘旧也。若夫山川形胜、树木秀丽，则前人记之详矣。兹不赘。

永济渡碑记

张本翕

《义经》之系词曰："舟楫之利，以济不通，盖取诸涣。"夫坎险加以巽顺，乘木有功，大圣人取义深矣。当维绡挂席之余，迫涨截洞，凌波纵栀，不终朝而济所届，庶不至歌功无渡也。醴邑地滨渌江，汇萍浏之滐沅，据往来之要津，凡自北而南者唯桥乎是瞻。其东则营盘之麓，设渡利济，而其西金问津于靖兴潭，邑之先辈匀捐，以舟之往来，行人称便，至于今实利赖焉。越道光辛卯岁，移建渌江书院于西山，江干过涉，车马喧阗，杂然四集，区区一小艓何能济，旁观者愕眙久之。邑中诸君子金劝倒囊，裘成集腋，欣然勃然。未匝月而事蒇。呼招招之舟子，

驶渺渺之清流，何必乘舆诞登彼岸？是役也，前任学博李纯甫、
云门二公倡议，颜曰"永济"，其亦谓今昔有同心，可并垂不朽
乎？于虖，洵义举也。夫天下事败于需成于断，彼倨傲偃侠者，
由私生吝，由吝生忍，圮毁不修者，比比而是，况又增置乎哉。
今学师与诸公斯举可谓伟矣。事既竣，选石纪事，并勒芳名，
而张君蓉舫乞余一言。余嘉其永济之心，且坚其永济之志，因
搦管记之，以告后来之孟敦好义者，经之营之，踵行不懈，庶
几永济于无涯也夫。

序

永济渡志序

崔　斌

醴陵永济渡者，邑治西，偏渌江书院东岸，一要津也。寒
裳水深，不有舟航，江潭阻之，其何以济？尝览长沙省城，城
之南书院在焉，河之西岳之麓书院在焉。湘波如带，画为两
区，有宋南渡，大儒考亭、南轩二先生讲学其中，晨夕往来，
疑义相析。至今，两书院利涉之地，犹名为朱张渡云。予宰是
邦，案牍余闲，以经艺课士，或诣山长抗论往昔，讲求为学为
政之实，治己治人之道。当夫凌朝暾，汎夕阳，涉江濑，挹山
光，兹亦渌江之胜概也。予与山长不敢希格致诚，正如二先生
亦不敢藉此私以名其渡，高山仰止，窃向往焉。既乃捐养廉于
书院，俾肄业诸生稍资膏火。适张君蓉舫将以《永济渡志》
付之剞劂，丐请弁言。是役也，予命卜正为邑人士筮之，遇风
雷益，为利涉大川之象，且其繇曰："用作舟楫，斯民以济。
乘万里之长风，泽远施于遐裔。"遂喜而授诸吏，藏之椟，将

留以验邑人士之振兴奋厉、道济天下者，庶几追古人之名，并与河山不朽哉！爰书以遗之，是为序。

永济渡志序

萧玉铨

　　从来事无巨细，必有经始之略，乃可与观成，必有善后之规，乃可以垂久。况渡为千万人共由之途，舟非数十年不敝之物，非有永图，其何以济远。醴邑治西靖兴潭向有渡，止一舟，不足给。嗣因书院移置西山，问津者更坌集焉。李君纯甫、云门两学博倡邑中善士醵金增舟，并贸产为岁修费，名其渡曰"永济"。董其事者犹虑其久而失所据也，乃泐石以传捐户之名，立簿以纪支给之账。又详其颠末，丈其田亩，录卷绘图，汇为一册，付剞劂为垂久计，题曰《永济渡志》。时予主讲渌江书院，张君蓉舫属一言弁诸首，予惟功之大者惟永赖，德之大者在济人。是役也，真能行永济之实而不愧斯名也。夫士君子处事接物，何处不当存利济之怀，何时不当切思永之念，独渡云乎哉？观斯志者，溯经始之难，与善后之不易，顾名思义，且推此永济之心，以处万事接万物，则功德更无量矣。

　　是为序。

赞

明

渌水赞

徐廷用

维山毓精，维川效神。涵泳缊缊，郁郁纷纷。扬祥涤氛，珠光镜莹。如雾如云，如丝如纶。色绿而殷，气郁而腥。收午出辰，畜莹散盈。清浓匀澄，书字晶荧。为地之灵，为天之祯。发乎人文，以泽于沧瀛。

诗

五言古

清

同曹建安伊震远游红拂墓

宋吉金

兴发穷烟峦，挐船恣雄眺。
兰楫乱奔流，波光摩日耀。
弃舟策杖行，石势讶巉峭。
鬼斧亦何工，玲珑凿一窍。
步急气食牛，疲惫童仆笑。
挥汗常高风，小憩西山庙。
为问执拂儿，僧雏指前峤。
长揖一拜之，拾草堪凭吊。
想见夜归时，矫首发长啸。

俯仰惬素怀，历览收众妙。

敢赋下里歌，为引白云调。

归来写硬黄，新月檐前照。

和宋司马游红拂墓 原韵

祝轩龄

春艳过新雨，洗屐拉登眺。

岸柳摇软丝，谷花发奇耀。

攀援信所之，连跻石壁峭。

山回风渐劲，飒乜鸣万窍。

隐衲不知名，携杖迎我笑。

谓我行已倦，指引息古庙。

竹炉煮新茗，清泉吸幽峤。

兴豪复穷巅，荒邱共凭吊。

世传瘗红拂，生曾随虎啸。

卫公固伟人，所偶亦英妙。

披蒿读残碑，剥落不成调。

相与踏歌还，峰曲余斜照。

游红拂墓

唐　瀛

李公如天仙，卓荦异游冶。

千载女英雄，物色风尘下。

亭亭兰蕙姿，露电真一写。

红筵酒正阑，逆旅停鞍马。

叩门秋风寒，脱帽残妆卸。

妾亦阅人多，未有如公者。

私心托茑萝，深夜谐鸳社。

生归大原屋，死葬洞庭野。

短碣署仙名，地下人恐假。

山县烟草迷，明月照松槚。

好与横塘娘，存以俟风雅。

五言绝句

清

游靖兴寺

晏　琼

结伴游山寺，逢僧话夙缘。

去从樵径入，归带翠微烟。

五言律

明

过靖兴寺

王守仁

隔水不见寺，但闻清磬来。

已指峰头路，始瞻云外台。

洞天藏日月，潭窟隐风雷。

欲询兴废迹，荒碣满蒿莱。

游靖兴寺

罗洪先

院古昙花隐，门幽径草侵。

三年寻故侣，孤月到深林。

闭户同斋食，谈经杂鸟音。

流尘虽满席，终觉少尘心。

游靖兴寺

胡 徵

寻幽来梵宇，绕径曳丝萝。

傍水无舟渡，空山有鸟歌。

松声杂禅定，酒兴入诗魔。

策蹇归来晚，清轮映碧波。

靖兴寺集古

傅学美

行径从初地，清风古殿扉。

水光浮日出，山意共僧归。

夏木阴溪路，江风透葛衣。

寥寥人境外，还见五云飞。

清

偶步靖兴寺

晏 琼

偶尔寻幽处，逢僧半日缘。

履分樵径叶，衣拂石萝烟。

树密云疑断，山空鸟自还。

江潭渔火暮，乘月趁归船。

客醴陵署偕同人过渌江游靖兴寺怀李卫公 二首

艾承恩

（一）

古刹荆榛满，楼台半不支。

水痕环败壁，枫影落荒池。

露冷葭初老，秋深叶渐知。

晚寒烟树外，缥缈白云披。

（二）

卫公祠宇旧，千载荐馨香。

暮雨灵旗卷，西风故剑凉。

山川余壮烈，戎马露昂藏。

往事何须辨，雄风岳色苍。

吊红拂墓

张迪贞

与定从龙计，卿言信复佳。
终成彝鼎略，早堕美人钗。
殇鬼夜深语，湘娥月下偕。
一抔醴陵道，狼藉断碑埋。

游红拂墓

费　煜

余气何堪侍，双眸识卫公。
从征来醴水，孤冢辨雄风。
野草千秋碧，山花一色红。
荒祠今拜罢，可惜客飘蓬。

西山八景 八首

唐　瑛

洞门春晓

渌水渔郎楫，青山古洞春。
弄晴莺语细，乘霁燕飞频。
柳带朝烟媚，花含宿雾匀。
西崖深仰止，无限意中人。

禅窗秋静

禅房帘半捲，山月夜涵窗。
野鹤闲归寺，征鸿远渡江。
穿云飞锡杖，补衲剔银釭。
悟觉金绳路，洪钟断续摐。

古榔参天

桄榔枝干古，万木共相参。
耸秀萦湘北，凝春映海南。
葱茏迎晓霁，苍翠拥晴岚。
倚立浓阴下，清吟寄竹庵。

心泉映月

皓月凌空照，寒光泄碧泉。
金轮云外满，冰鉴水中圆。
妙悟三生石，虚涵一洞天。
灵台尘不染，何必洗亭前。

涧水鸣雷

崖峡飞泉泄，声喧骤雨催。
涧流奔似电，涛响震如雷。
屈曲通僧寺，横斜过钓台。
饭牛歌柳岸，明月照山隈。

宝藏轮旋

贝叶传经典，生生转法轮。
菩提开觉路，宝筏度迷津。
慧剑消烦恼，禅灯悟本真。
流光千佛藏，狮吼仰慈仁。

修篁蔽日

径覆浓阴重，干霄凤羽长。
虚心饶岁月，劲节立风霜。
琴鼓深林下，鸠鸣古寺旁。
渭川千亩绿，应不敌潇湘。

石坡高砌

路远平原入，人从曲径来。
振衣登磊砌，蹑屐上层台。
云拥千岩合，松攒一鹤回。
石非缘客扫，新雨净尘垓。

渌江漫兴

张邦柱

袅袅晴丝卷，苍苍夕景斜。
层山成雉堞，一水抱人家。
鹳下争相浴，蜂归自放衙。
题桥输壮志，消息滞京华。

附 录

清

重建超然书院

纪天钧

书院经重建，凌虚势信超。
奎光临画栋，藜火彻重霄。
地迥风云集，窗新翰墨饶。
凤山堪翙羽，作养自今朝。

重建超然书院

林豫吉

弦诵千秋业，经营此日功。
路通凤岭北，门对渌江东。
栋宇邻文曲，诗书见古风。
贤人能举废，吾道有宗工。

重建超然书院

蒋崼

风流名教地，又见一番新。
基址因前辈，文章启后人。

藜光奎阁畔，道岸渌江滨。

为爱高山仰，非矜结构神。

七言古

清

渌江书院题壁

许　标

南国艺林大规模，首推鹿洞与鹅湖。

有宋作人称极盛，维楚有材集醇儒。

醴泉山水最清淑，士习彬彬尚真朴。

名贤流寓于其乡，先后讲学宏教育。

紫阳朱子知潭州，吴黎二公相从游。

羽翼经传有人在，仪容亲炙瓣香留。

学宗关洛又吕氏，南轩更得论仁旨。

同时岳麓相往来，渌江人文曾蔚起。

养士绰有洙泗风，弦诵鼓歌于其中。

羹墙几席渊源接，群材荟萃斯道隆。

我家彭泽鄱湖口，陶公好饮黄花酒。

不为五斗轻折腰，艺苑得名曰五柳。

敢言桃李在公门，也曾樽酒细论文。

大息频年遭蹂躏，千间广厦经兵焚。

睹此堂开渌水曲，平安日倚潇湘竹。

安得全家移此间，靖兴山旁筑茆屋。

吊红拂墓

彭而述

杨广肆虐纵鞠凶，四海如游鼎沸中。

龙舸歌舞入淮汴，虎贲车骑过辽东。

揭竿忽起杨元感，问鼎复来王世充。

建德黑闼相后先，黎阳廒仓据魏公。

大原公子年十六，天日之表诞华屋。

世为封爵守晋阳，雄心欲逐秦关鹿。

化家为国任汝为，老子不复相拘束。

葱郁佳气河东来，夜半人闻鬼母哭。

卫公伟岸七尺姿，落魄无依华山垂。

谁向风尘识将相，长揖越公吐英辞。

越公帐下多侍姬，其中更有红拂儿。

阿娇久厌尸居气，燕婉何能傍戚施。

等闲识得李郎面，目招心挑成健羡。

愿将琴瑟托终身，于飞燕子参差见。

一语盟心两地知，相府夜来人定时。

紫衣纱帽抽身出，蛾眉皓齿践前期。

红拂密向李公言，而今王气在大原。

愿郎早定匡时略，汾阳桥畔谒至尊。

是时江东驾未回，王师南下潼关摧。

攀龙附凤从此始，卫公饶具济川才。

南征北讨无虚日，元戎时挟红粉出。

江陵既定岭南平，金钗忽闻薤露声。

醴陵春草湘东曲，年年垂柳三月绿。

红拂一去不复返，白骨黄泉瘗山麓。

珠襦玉匣不复朝，狐兔悲鸣猛虎嗥。

我来策杖一登临，但见马足没深蒿。

君不见，

茂陵公子赋多才，当炉手拨临邛醅。

妇人难守惟新寡，只今成都有琴台。

又不见，

王嫱容貌真倾城，远别君王自请行。

咫尺不得见天子，何如青草冢边生。

杨公醉饱结绮罗，识认英雄慷慨多。

李君若不遇斯人，老死布衣终奈何。

吊红拂墓

陈 圭

一曲堂堂歌未已，十万精兵晋阳起。

开国元勋李卫公，驱遣风云一女子。

屈身久厌尸居人，入眼独奇长揖士。

当时何事此屯营，荒郊漠漠秋芜平。

芳魂已逐青烟灭，坟冢犹传红拂名。

我登兹邱来吊古，酾以清醪荐以脯。

女中奇侠古无伦，一腔热血凝香土。

移时飒飒英风生，凄然洒作一天雨。

灵旗仿佛虚无间，云雾掀开日华吐。

登陟亭台扪茑萝，摩挲碑碣出榛莽。

山鸟娇啼宛转歌，山花艳发蹁跹舞。

我闻曹将军丹青，流传偏凌烟功臣。

一一开生面胡为，惜此三尺缣埋没。

芳容不令后人见，已矣哉！

归去来，九衢车马空尘埃。

空山无人红粉灰，渌水春流去不回。

隋唐往事皆可哀，山鬼啾啾山云堆。

七言绝句

明

贻靖兴寺袁道士（并序）

徐一鸣

邑西有靖兴寺，寺临江，俯瞰城郭，景物差胜，邑大夫人士凡游宴者必之焉。志载唐卫国李公靖尝驻兵兹地，亭址碑刻尚存。寺西偏故有李公祠，祠今废，但草莽矣！而明空袁道人者，毅然欲修复之，间持牒谒予，予乃怃然叹曰：嗟祠吾人事也，而道人乃为之，予嘉其义，爰口占四绝句贻之，俾告同志，庸以赞厥成云：

玲珑金刹楚云西，不惜招寻杖屦携，

犹有将军祠庙处，密林斜日怪禽啼。

卫国勋名垂日月，曾闻于此驻征鼙，

空山寂历鸣风叶，万马犹疑战后嘶。

世上解识求生计，施佛寻仙共有之。

可笑明空袁道士，殷勤来为李公祠。

登高作赋吾何有，吊古寻幽兴不悭。

伫向灵山看突兀，便从飞阁听潺湲。

游靖兴寺

王守仁

老树千年惟鹤住，深潭百尺有龙蟠。
僧居却在云深处，别作人间境界看。

和王伯安先生靖兴寺 原韵

邹守益

凤阁一鸣成远斥，龙场千里且深蟠。
题诗留得行程记，老树深潭不忍看。

谒李卫公祠

舒文举

文武全才总六师，曾依山峒解征鞌。
只今一叶秋声动，犹讶当年阵马嘶。

谒李卫公祠

袁一贯

九日登高出郭西，勋臣遗址尚云楼。
山禽似识当年事，犹向游人宛转啼。

吊红拂墓

张　璿

泪竹湘娥怨未休，美人红拂又荒邱。

功成不附卫公去，千古伤心水自流。

吊红拂墓 二首

刘化宇

（一）

渌江水绿渌山青，别恨千年过客亭。

料得此心灰不尽，云鬟雨泪伴湘灵。

（二）

万里南征一代雄，也应娘子佐军中。

司空门外多宾客，解识卿卿李卫公。

洗心亭偶成

王　升

欲将心热拭荒泉，西隐山中脱帻眠。

未识此波涵大极，遗书还问小乘禅。

游水帘洞

周 谔

西山洞口落泉声，一派泠泠出远汀。

想像珠帘何日捲，移来挂我醉翁亭。

清

红拂墓 三首

田坤藻

（一）

识得元戎一布衣，茑萝情思倍依依。

如何万里从军久，不遣云鬟采药归。

（二）

匆匆粉镜越清湘，五岭才征又悼亡。

惆怅西山秋夜月，薜萝深处画衣香。

（三）

锦瑟抛残怨若何，芳魂犹自讬山阿。

凌烟往事都销尽，惟见荒阡蔓草多。

金鱼烟雨

赖超彦

待化金鱼住小洲，常鳞凡介邈非俦。

风雷倏奋新头角，浪涌沧溟泽九州。

渌江书院赠友 四首

张晋本

（一）

渌江桥水净无尘，上巳临流绂禊新。

比似西湖三月景，裙腰芳草绿如茵。

（二）

清波门外柳含烟，呖呖莺声杂管弦。

更上平湖玩秋月，露华浓湿也宜船。

（三）

井冢堂开种妙华，阿罗五百会无遮。

去来今劫浑如梦，试向灵山证释迦。

（四）

贻我瑶华篆籀奇，龙鸾宛转玉交枝。

漫云弱腕娇无力，恰试新硎待发时。

七　律

明

游靖兴寺 二首

罗洪先

（一）

幽岭清溪秋半过，道心寂历近如何。

买山未是怀支遁，对壁由来喜达摩。

尽日阶前黄叶满，几人门外白云多。

亦知石髓非粳黍，尘土终然异薜萝。

（二）

游踪无定独徜徉，处处寻山学坐忘。
不识岁年惭伯玉，且依木石偶庚桑。
岩头月出闲观易，谷裹松深可绝粮。
只恐樵夫隐名姓，豹林曾有异人藏。

游靖兴寺

潘　仲

一登高阁快平生，觉入云梯若万层。
活水西倾流白练，群山南下乱青萍。
天边日照孤鸿影，林下风传乳虎声。
便欲此身生羽翼，飘然遗世访蓬瀛。

游靖兴寺

丁　淑

偶陪星履步晴峦，倒听疏钟度石澜。
薄暮江空渔响断，隔溪风细竹声寒。
波涵渌浦源头远，玉种蓝田地步宽。
佳句不须红袖拂，风云千载护岩端。

游靖兴寺

诸 陞

江上但知山色好，峰回始见寺门开。

半空虚阁有云住，六月深居无暑来。

病体每思移枕簟，洗心兼得远尘埃。

朱张讲道烟涛外，如倚层霞岳麓台。

登西山东楼

丁 淑

羃屃烟岚曲径幽，乘闲来作上方游。

穿花蝶粉深深见，隔树莺簧淡淡流。

桃暖鱼箱春欲暮，柘枯桑箔雨初收。

大千世界真如粟，人在潇湘第一楼。

金鱼烟雨

唐 寅

春风浪暖碧桃香，惊起深渊动斗光。

六六功成藏坎体，三三数满运乾纲。

等闲溪壑轻凡介，顷刻风雷遍大荒。

此日苍生诚望切，早施霖沛泽三湘。

过洗心亭

丁　淑

天设西山水墨屏，四时烟树翠冥冥。
中悬瀑布半空白，上有浮屠一撮青。
对酒自然诗句好，看花难问杖藜停。
尘心未必泉能洗，多少游人过此亭。

清

登靖兴山怀李卫公

凌　鱼

多情千古是英雄，老衲犹能说卫公。
乌帽一从归月下，红颜时亦在军中。
山深云起鸠啼雨，地冷花残蝶怨风。
惆怅凌烟人去后，摩娑遗碣楚湘东。

游靖兴寺怀李卫公

龙得五

漉江西面最高峰，此日登临忆卫公。
碧沼至今留饮马，苍松从古振威风。
楼台迥出秋岚外，雉堞遥分夕照中。
更向山阿寻断碣，墓名红拂亦英雄。

靖兴寺留别

王继之

此地隋唐合驻军，至今碑勒药师勋。

美人红拂余黄土，游子青衫卧白云。

十笏堂阶孤寺近，三年钟磬五更闻。

何时更向名山宿，兰芷重登古殿薰。

游红拂墓

蒋 暠

芳魂尚寄渌江西，碧草芊芊路已迷。

夜月凄凉蝴蝶梦，春花零乱子规啼。

优人亦解传歌泣，野老犹来荐黍鸡。

为问杨家诸侍女，伊谁墓上有诗题。

游红拂墓

蒋五迈

高冢麒麟满地眠，何人独吊女中仙。

荒邱此地还如故，唐社于今已数迁。

日月有灵双眼在，英雄生色一碑悬。

李郎若问谁同穴，渌水春秋自记年。

游红拂墓

蒋 晟

识得英雄快此生，何妨侠骨没从征。
销金帐里谁无死，荒草坟头独擅名。
夜月飞燐乌帽隐，秋风断碣白杨明。
红颜零落知多少，尽向西山泪眼横。

游红拂墓

林豫吉

紫衣乌帽葬西山，碧草青燐没珮环。
天地长留巾帼侠，史书谁把姓名删。
一双慧眼风尘外，三尺荒坟夕照间。
酹酒忽生知己泪，非为脂粉泣红颜。

游红拂墓

林任夔

松楸绕径动悲风，侠女芳灵应未空。
碑藓不殊衣上紫，山花犹带拂中红。
自非如电双眸迥，谁识凌烟一代雄。
吊罢归途多感慨，数声长啸渌江东。

游红拂墓

杜鸿霈

翠柏苍松侠骨眠，前身疑是蕊珠仙。
能将慧眼因人许，自不芳魂与物迁。
云度沧江环珮响，月生远岫黛眉悬。
可怜五岭从征后，不见贞观画阁年。

游红拂墓

杨 注

荒堆何必说牛眠，有女从征此化仙。
怜汝魂随湘水去，望谁骨向汴州迁。
花飘红雨疑衣卸，山带乌云仿帽悬。
多少英雄怀往事，经过凭吊自年年。

游红拂墓

薛 青

谁将冷眼识英雄，翠袖从军楚水东。
一见已能明去就，千秋姑勿论私公。
烟鬟愁湿空山雨，玉珮疑摇夜月风。
此日登坟几掩泪，江天寂历蓼花红。

游红拂墓

谭文灿

岫裹烟笼寺有无，独留青冢一抔孤。
隋宫零落灰俱冷，越国荒颓骨早枯。
古戍云屯秋唳鹤，空山月落夜啼乌。
登临不尽知心感，儿女英雄是丈夫。

游红拂墓

凌鱼

漠漠寒烟捲翠微，胭脂零落粉痕稀。
华堂久厌尸居气，深夜宁辞露湿衣。
江上几人歌棹去，枝头有鸟带雏飞。
情怀未断风流地，芳草王孙春自归。

游红拂墓

张邦柱

越国尸居事已非，蛾眉择主独先几。
身从夫婿轩裳贵，眼见君王历数归。
黛蚰似留螺髻绿，啼乌犹讶马尘飞。
楚天自古多愁地，不但湘江泣二妃。

吊红拂墓

蔡锦泉

夜来帘外一枝红，不事杨公事李公。
柱国何心空色相，美人有眼识英雄。
南流渌水千秋魄，西梦长安百战功。
殿脚如花河畔骨，是谁碑碣倚东风。

游红拂墓

张　璿

红拂轶闻事有无，相传俊眼识穷途。
将军阃外出奇算，制胜幄中推美姝。
倾国朱颜留石记，荒郊枯骨伴鼪呼。
路人经过醴陵道，指点山头听鹧鸪。

游红拂墓

文岳英

一抔芳土渌江濆，零落残碑照晚曛。
天意欲开唐社稷，女流先识李将军。
权门歌舞难留客，乱世英雄总择君。
想见夜深人入幕，翩翩侠气撼风云。

锦帆南幸不知回，破碎山河付劫灰。
见说君王持镜照，那闻公子袭裘来。
八方龙战需群策，一代蛾眉属将才。

翻忆扁舟陪范蠡，五湖飘泊倍堪悲。

孤城斗大偶停鞭，仗钺遥闻武德年。
早有威名驰桂岭，独怜薄命委松阡。
行云不逐归旐返，斜日空余宿草妍。
珍重布金营佛刹，朝朝钟磬落寒烟。

隋唐往事是耶非，剧羡钗裙独识机。
一去虹髯人缥缈，百年马鬣迹依稀。
云山有幸埋香骨，江水无情逐落晖。
卫国褒封恩不到，摩娑翁仲几歔欷。

次陈葭塘见赠 原韵

黄　旭

名山胜地几千秋，渌水渠沟涌瑞流。
祠宇尚追圣贤迹，山邱空锁晋唐忧。
自从凫舄飞来后，顿使鸿庥到处留。
载笔我应惭野史，诗情重补楚风悠。

渌江留别 二首

王继之

（一）

白云留我住三年，久住深山客亦仙。
百里莺声喧昼暖，六斋灯火破春眠。
新词旧句消前债，细雨和风认夙缘。
自笑兰亭成底事，永和赢得集群贤。

（二）

推挤欲去惜残年，此去难忘是列仙。

别泪已添湘岸水，梦魂犹绕渌江烟。

桂花秋后和云馥，芹草春来带雨鲜。

他日径行应忆我，靖兴山下泮池前。

秋日晚步靖兴寺

匡昭质

惆怅西山古寺边，闲寻雷涧响流泉。

游鱼跃浪吞新月，宿鸟还巢破暮烟。

野外远凝秋色爽，天空无际晚霞鲜。

尘缘涤尽心皆佛，领略幽情陆地仙。

初至渌江有感兼勉诸生 二首

何拔秀

（一）

精舍深山绝俗喧，行窝到此一停辕。

经传久辍鳣堂讲，泥踏聊留雁爪痕。

三径松篁张翠幄，七斋灯火接黄昏。

望中只惜春风少，桃李芳华正满门。

（二）

宋室销沉几百秋，东莱遗迹至今留。

林泉终古推名胜，风雨吾侪乐息游。

远到可凭毛羽健，独知须懔影衾羞。

诸生励志时无玩，去日驰如渌水流。

金鱼烟雨

贺之理

轩鬐横亘水云乡，细雨浓烟望渺茫。
岸罶春潮升跋剌，风回钓艇落溯洑。
相看禹浪腾三月，想见商霖沛八荒。
记否孤帆寒夜客，龙门滋味许分尝。

杂　志

按：兰台十志各以类从，类所不入，例亦变焉。宋欧阳公作五代史，立杂传，斟酌位置、体例尤为严谨。是编于艺文后，纂列山水津渡、古迹寺观，方外邱墓、树木、流寓共成一帙，统为杂志。

西　山

西山即书院坐山，回环互抱，郁为胜境。昔人建寺其间，颜曰"靖兴"，故又有"靖兴山"之号。上有修篁碧树翠蒨成林，下有曲涧清泉石濑相属，登眺之余豁人心目。自来迁客骚人率多题咏，不仅西山记，足志其胜也。

渌 水

　　渌水发源有二：一接江右昭萍麻山水，西至县东五十里，名萍水。一出浏阳界白沙溪，西南至县东双江口会流，经县署前绕过靖兴山下，合县西南水由渌口入于湘。

洗心泉

　　书院门首有泉从石窦出，味甘而清。当盛暑时，城中抱瓮来挹者众，相传饮此可消暑疫、开聪明，盖西山第一芳润也。

金鱼洲

　　状元洲下约半里许有洲曰"金鱼"，白沙团岸，古柳参差，上接西山，下临渌水。当夕阳回照，觉山形树色悉排波面，渔舟往来行歌互答，宛然潇湘胜概。

飞流涧

　　飞流涧在书院右，水势奔腾，潺湲有声。每更阑，密咏机趣相触，兴致倍觉勃发无穷。

靖兴潭

潭水自双江口会流而来，曲折数十里，夹状元洲至西山下潴为潭，皋阜回环，江气敛萃，水族率藏游于此，可作濠上观矣。

五老峰

五老峰在书院后山，耸然独秀，上接重霄。闻昔有樵夫见五老聚谭于此，风度飘然，近视旋化为石。

仙桃石

靖兴山下有石，绵亘宽平，可坐数十人，形家有仙鹤衔桃之语。

笔架石

书院后山数石峭立，形如笔架。

石棹岩

书院谷口西折而上有石如棹，半临空际，人坐其上可饮可棋。盛暑时，游者多憩于此。

石　坡

红拂墓右石甃成坡，磊磊道傍有浪蹙鱼鳞之致。

永济渡

永济渡在西山下，乾隆五十九年，邑人丁德皋等捐置义渡，名曰"通济"，买双漈田种三硕五斗，建立碑亭。道光丙戌水圮后，因移建书院于西山，邑人士于咸丰间倡增新渡，名"永济"，募置西乡杨梅岭、丁家冲、柴口冲等处田种四硕，柳宏裕捐渡口庄屋一栋，水圮存基。

西山书院

西山书院建自宋淳祐间，后废，遗址莫考。

李卫公祠

唐李靖，字药师，封卫国公，三原京兆人，负文武才。武德间，南平岭桂驻兵此地，构堂舍，后改堂舍为祠以祀公，相传石壁有卫公遗像。

洗心亭

洗心亭在古靖兴寺内，成化间，参议王升建，今废。王升、丁淑、徐一鸣俱有诗见《艺文》。

水帘洞

按：邑旧志载，洞在治西南七里，新志以治西南三里许，有老虎岩，春夏宿雨水从岩上泄下，遂以此岩为水帘洞。然考周谔《游水帘洞》诗云："西山洞口落泉声，一派泠泠出远汀。想象珠帘何日捲，移来挂我醉翁亭。"则水帘洞端在西山为确。

金牛洞

红拂墓左有金牛洞，两峰相夹，地缭而曲，洞口巨石嶙峋遮断大江，中有田数十亩，有泉从石窦涌出，如瀑布状，居其间者恍惚桃源仙境。

仰山庙

仰山庙在书院前左阜，道光间建，内塑循山神像。

玉清宫

玉清宫在西山之左，同治间募建。

隐道院

隐道院在西山下，今废。

袁明空

靖兴寺道士，有山水癖，耽吟泳，与一时名流相往还。寺旁原有李卫公祠，后废为墟。明空毅然募赀修复，徐一鸣为题四绝句贻之。（见《艺文》）

红拂墓

轶闻红拂有卓识，谙韬略，初侍杨素，厌素多尸居气，不足与定大计。一日卫公来谒，言论慷慨，居然一伟丈夫。姬在侧心羡之，是夜即奔卫公，后从征岭南，凯还道出渌江，适遭病，卒葬西山。其间松篁掩映，山峙水环，洵为佳胜，登斯垄者率多感慨之致。

古　榔

书院前左阜有榔树二株，大数围，高十余丈，枝干交错，拳曲离奇，苍劲绝伦，相传为前明所植。每当盛夏，叶密如盖，时有微飔飘摇，游憩其下，不觉俗尘顿消。

王守仁

王守仁，号阳明，余姚人，正德间以谪贬贵阳龙场，驿过醴陵，丙子秋返寓靖兴、泗洲二寺，讲良知之学，一时醴人士争师事之，有诗列《艺文》。

捐　目

束脩捐目

知县崔斌，捐田契种二硕零八升正。

谢德桢，捐田契种三硕正。

潘祖垓裔，捐田契种二硕七斗二升正，捐钱二十六串正。

彭熙明，捐田契种六硕二斗一升一合正。

潘士毂，捐田契种一硕五斗正。

丁存心、丁养性，共捐田契种二石八斗正。

潘承炘裔：祖玉、祖垓，侄士彬，捐田契种二硕七斗二升正。

钟文发，捐钱十串正。

周培芬，捐钱十串正。

周珍儒，捐钱十串正。

陈啟元，捐钱十五串正。

黄邦乔，捐钱二十串正。

邹春林，捐钱二百二十串正。

邹名赏，捐钱二百二十串正。

张照临，捐钱八十串正。

李文卿，捐钱八十串正。

彭显藻，捐钱十二串正。

郭明二，捐钱十六串正。

蒋上梅，捐钱十串正。

陈桂荣，捐钱一百串正。

龙廷文，捐钱五十串正。

刘宗瑞，捐钱六十串正。

贺润皋，捐钱四十串正。

黄步浩，捐钱三十串正。

邹菘生，捐钱二十串正。

易良臣，捐钱十串正。

膏火捐目

李玉元、李端元、李家言（详文列前），共捐田契种十三硕二斗八升零（内田二硕三斗系捐作书院收捡字纸之费）。

贺增闻、贺上熙（碑记列前），捐田契种一硕正。

彭培孝，捐田契种一硕五斗正。

陈道来，捐田契种一硕四斗正。

邹锡汝、邹花坞，捐田契种一硕三斗，塘种一斗八升。

谭茂高、王连瑞、田学立、林裕崇，捐屋一栋。

刘乾贵、罗德聪、李同昭、陈德康，捐店屋余基一所。

刘五福、张善芳、曾芳楷，捐基地一所。

王祖二、王祖桢、王祖培，捐田契种四升正。

邓雅光，捐田契种六升正。

温泉境清正祀，捐田契种六升正。

郑姓应兴，捐田契种二斗正。

众姓，捐普口市社仓基地一所。

汤四祭，捐田契种五斗零。

南乡文姓献章，捐田契种一硕正。

芷泉境清正堂，捐田契种一斗三升正。

附 录

罗如钊，捐田契种四硕正。

王九有，捐田契种一硕七斗五升正。

田坤岳，捐田契种二硕正。

余廷桂，捐田契种二硕正。

知县陈九畴，捐田契种二十三硕零。

知县田彬，捐田契种一硕一斗三升正。

知县赵贵览，捐银三百两正。

汤际盛，捐田契种五斗零。

钟鸣善、钟鸣彰，捐银四百两正。

廖之炳，捐银一百八十两正。

以上所捐银两悉已置业并捐入田种，均经前宪详定归学，报销逐年，两学只备本书院束脩钱六十四串、膏火钱十六串正，故不附入图册。

知县秦克让，捐田契种九斗五升零。

此契田租，乾隆三十一年拨给相礼养膳。

知县许凝道，捐田契种二硕五斗八升。

　　此契田租，前宪详定归礼科报销逐年，礼科备本书院束脩钱十六串，故不附入图册。

岁修捐目

张文纶，捐田契种一硕五斗九升正（碑记列《艺文》）。
萧振武，捐田契种六斗六升零。
众姓，捐屋宇土园一所。

移建渌江书院捐目

本城首士

文诚甫、王紫星、黄怀瑾、袁开醴、李家骢、
张京垣、史益谦、江先汇、阳方瑜、邓啟渌

本城捐目

署理醴陵县正堂陈，捐钱二百串。
特授醴陵县正堂李，捐钱一百串。
特授醴陵县儒学曾，捐钱十串。

特授醴陵县儒学吴，捐钱十串。

特授醴陵县汛驻防刘，捐钱十串。

特授醴陵县右堂黄，捐钱十串。

李其吉堂，捐钱五十串。

史讲行堂，捐钱五十串。

李家聪，捐钱四十串。

十三科，捐钱四十串。

黄长春堂，捐钱三十三串。

黄集思堂，捐钱三十串。

江惇裕堂，捐钱三十串。

王遵明堂、曾国琇、黄敦厚堂、李宇材，各捐钱二十四串。

庆寿十八姓、阳敬终堂、颜守箴堂，各捐钱二十串。

文诚甫、曾鲁汶、邓有兴祠，各捐钱十六串。

黄劲龄，捐钱十五串。

刘时鉴、李酉山、文宝源、史义丰、黄如一、李初闻、廖宗诚祠、文诚典、王紫星、王厚植堂、李约斋、史蔚山伯侄、文禄亨、阳善湘兄弟、张京垣、廖福英，各捐钱十串。

曾国瑜、文尚亨、何自新、袁泰来、阳同陞、周建宝祠、黄汇堂，各捐钱八串。

黄福田，捐钱七串。

袁怀善堂，捐钱七串。

张维南，捐钱六串四百。

李灯后裔、黄景明、黄杨氏、黄北屏、朱麟瑞、史培珍、朱煌明，各捐钱六串。

阳景元祠、王苌生祠、黎永年，各捐钱五串。

萧揆一、袁理亭、袁鹭飞、史文燨、钟尚勋、黎思虞祀，各捐钱四串。

何树琼、曾铭、钟开仁、罗致光、杨胜爵、黄华章兄弟，各捐钱三串。

柳铭舒，捐钱二串四百文。

周朝陞，捐钱二串四百文。

钟念斋、王近悦、阳鸣盛堂、孙富光、黄宗茂、吴廷柏、史廷樟、李锄经堂、邱隆兴、孙文盛、史文炽、何瑾溪，各捐钱二串。

林含真堂，捐钱一串六百文。

郭高焘，捐钱一串五百文。

李植元、李珍镒、陈象元、巫元迪、李春草堂，各捐钱一串。

东乡首士

李咸乐、张炳焕、石汉瑶、张道槐、潘祖玉、刘培材
萧之会、刘光霁、李畴九、刘达贡、汤光典、吴开福
汤大文、刘维光、刘芳四、易源泷、瞿广量、吴庆富
张德祖、吴天锡、李邦麟

东乡捐目

张维善、李咸若、张敞鹏、潘承炘、刘光裕堂，各捐钱一百串。

易理陶、张炳焕、吴绍雁，各捐钱五十串。

黄焕海，捐钱四十串。

陈介仁，捐钱三十四串。

李全中、李向荣、李世隆，各捐钱三十二串。

刘词源、徐祀本、吴光先、萧承也、欧阳开泰，各捐钱三十串。

萧明廷，捐钱二十五串。

刘恒春、李明照、黎兼美、萧文燨，各捐钱二十四串。

吴兴甫祠、邓福先、余岳洲、陈廷玉、余清芳、彭啟魁、周万年、周辑恭、蔡仲德、汤荣公祠，各捐钱二十串。

易世勋、张乾公祀、刘可成祠、刘作周、萧瞻仪、潘宏远、刘懋峰、瞿悠也、萧登仪，各捐钱十六串。

吴兴胜祠，捐钱十五串。

万汤三，捐钱十五串。

谢鼎国，捐钱十四串。

吴相临，捐钱十四串。

张万和，捐钱十二串六百。

丁清奇、黄应忠、张天彝、徐敬先、张君锡、叶捷栋、朱辉烈、刘日高、苏缵绪、何鸣朝、黎华国、易鲁玛、易礼生，各捐钱十二串。

李森村、李楚诚、李步衡、曹祥宇、汪泗纲、吴啟华、刘学孔、金体明、陈福亭、凌清华、李匡式、杨永复、罗遗安、石秀峦、卜品达、彭通耀、吴锦瑞、李畴九、廖卿石、李世朝、李万松、易帝嘉、黎宗福、甘世杖、张良佐、樊秀堂，以上各捐钱十串。

吴恭达、张应兴、张士清、瞿朝阳、汤德俊、汤希贤、邓文质、罗国声、苏贵元、廖乾三、刘汤佐、易文高、瞿诚意堂、彭玉昇祠、廖相煐、谢若衡、刘文城、吴伯华，以上各捐钱八串。

谢书庭、曾辉度，以上各捐钱七串。

易仲敬、易涌搏、陆窿万、吴仕发、陈维荣、郭光裕，以上各捐钱六串四百文。

曹愈茂、谢体元、谢顺科、廖朝俊、彭声远、王兴源、王诒祖祀，以上各捐钱六串。

林高日、刘西园、徐承先、黄德修、张淑美、李维城、李涂岩、廖俊贤、谢正科、杨福兴、苏缵绚、李宝臣、黄奇亮、胡玉山、张办蒸祀，以上各捐钱五串。

易肇生、潘志高，以上各捐钱四串八百文。

谢光明，捐钱四串五百文。

刘九来、瞿礼畴，以上各捐钱四串四百文。

李如贵、李宜猷、彭仁怡、丁甫臣、邬成发、李得禄、钟正和、吴贤煌、吴荣礼、邓在中、温仕兴、谢龙、易育万、黄仲松、张金玉、汤世儒、王振纲、蓝国佐、杨似龙、李翠芳、李隆仕、李匡辅、李维新、龙廉尊、谢以成、陈福兴、邓国秀、张连城、申天福、萧华廷、易天德、张明庆祠、郭峻秀裔、易家仪、易薰仪、余庆堂、顾荣锦、萧华湘、王象祖祀、张大展裔、谭桂公祀、邓盛三、曹含桢、李吉美、瞿生熙、陈华会，以上各捐钱四串。

徐贤则、杨昌荣、黎象铉，以上各捐钱三串五百文。

瞿纬臣、郑应兴、陈安万、黄永盛、林齐光、朱文瑞、傅筑岩、易镇邦、易兰桂、黎国文、林五常、叶茂俊、刘泰阶、冯正兴、吴俊、黄仕英、张廷瑜、刘用藏、易福，以上各捐钱三串二百文。

黄俊秀、卢献允、易茂胜、刘庆祠、刘均盛、王化顺、吴明秀、冯应连、邓仕海、王金崇、罗忠朝、唐虞书、郭绍锦、萧位平、陈贤豪、潘志卓、易作舟、黄星照、李明辉、李周伦、何启明、童富珍、陈昌新，以上各捐钱三串。

易林才，捐钱二串六百文。

谢学孔、李维章、李维屏、李东寿、李世光、钟君扬、何和芝、杨开泰、傅正春、袁尚爵，以上各捐钱二串四百文。

黄天章、吴国瑞，以上各捐钱二串二百文。

林士才、聂文开、朱同文、田文贵、严文英、杨金秀、彭道达、谢骏发、巫达生、温恕和、李普光、张仕明、钟秀千、李宗裕、钟以俊、龙顺乾、曾奇兰、曾锦秀、彭芳辉、刘景文、江维忠、黎家骧、钟利泰、李灿东、李崇芳、黎盛远、吴清华、瞿荣耀、康正兴、邓汇源、吴正江、张和声祀、彭学照、顾荣才、张楚杰，以上各捐钱二串。

刘九俊，捐钱一串六百六十文。

吴辉章、吴光临、吴渭滨、黄敬文、易世昌、黎添益、江绍芳、易力仁、李顺济、潘学周、唐东伦、龙芳震、傅履和、金旭秀，以上各捐钱一串六百文。

易源洤，捐钱一串六百文。

王士茂、易春元、钱金茂、瞿礼和、江宗礼、张建能、张建亨、邓宝贞、龙银，以上各捐钱一串二百文。

吴更秀、刁元凤、范有生、易相攀、李开鼎、杨玉书、袁本阶、谢正翔、蓝桥才、张书声、钟显柏、黄子林、朱友鹤、吴奇桂、黄定文、陆朝命、黎光裕、易和光、沈秀信，以上各捐钱一串正。

易泳麟、邓晓东、邓魁山、唐祥福，以上各捐钱八百文。

南乡首士

张汉昭、颜名鉴、王昌吉、王丹瑞、刘映梅、贺之浦
谢宗澧、姚选宸、姚荣一、瞿正昺、丁德政、瞿大岳
刘立美、易明俊、易昌仁

南乡捐目

黄建章兄弟，捐钱两百串。

周申甫，捐钱一百串。

张溪斋，捐钱五十串。

瞿鹏公，捐钱三十二串。

王具美，捐钱二十四串。

谢光轩，捐钱三十串。

王四经，捐钱二十串。

殷继堂、姚元山、刘凤和、刘鸿羲、刘正裔兄弟，以上各捐钱二十串。

丁韫辉、刘希岩、张隆祀堂，以上各捐钱十六串。

胡文德祠、叶光华、瞿继宝，以上各捐钱十二串。

黄福清裔、巫森波、颜文则裔、杨禧祥裔、谢南台祠、贺郊公裔、汪潭绥裔、杨昌洽、刘允富，以上各捐钱十串。

叶鹏兰、刘奇胜祠、荣政佐、刘岁元、袁文仲、郭玉益、易景明、刘子良，以上各捐钱十串。

谭华江龙，捐钱九串。

黄子胜、陈孔英、钟志葵、黄信福、何敬之、张肖堂、王添伟、张元山裔、萧任贤裔、李清保裔、颜诞公祀、周湘宇裔，以上各捐钱八串。

周凌九、朱锦钦，以上各捐钱七串。

张佐裔、黄安庆，以上各捐钱六串四百文。

欧阳湑、欧阳源裔、余三盛、杨昌遐、魏荣辉、张盛源裔、谢维鼎祀、余觐嵩、欧月成、易清、李振绪、刘跃泮，以上各捐钱六串正。

王大彦祠、杨邦钦祠、欧阳思贤裔、潘世荣裔、潘学松裔、翁灵台裔、刘定公裔、刘接林裔、刘显公裔、周政、周孙裔、刘明德、陈天富、李维海、李德荣、易粹中、刘南图，以上各捐钱五串正。

李蕭柄裔、陈荣山裔、王梦熊裔、刘咸蛟裔、余功高、谢先登、何一先、李学龄、文芳秋、黄家珍、胡朝俊、何腾凤、刘志商、刘经传、刘涂山、石凤仪、谢经文、谢万选、江维盛、何超举、谭文高、黎瑞元、丁菽八、瞿崇福、丁元受裔、胡邦奠裔、谢松园裔、谢明五祀、石梁公祀、左殿弼裔、谢香园裔、周瑞湘、曾三省、谢德堂、邹世美，以上各捐钱四串正。

江鼎席，捐钱三串八百文正。

周昌明，捐钱三串五百文正。

杨世延、刘大兴、颜揆亮、颜朝望裔、江兆千、江廷爵、邹必贵，以上各捐钱三串二百文正。

刘煌裔、张正裔、杨必中裔、刘尚志、刘志海、刘乐道、邹宪廷、瞿翼公、易奎荣、易鹭飞，以上各捐钱三串正。

赖家猷、姚彩庭、朱帝蔼、吴国治、邓公茂裔、曾锦荣、易三盛、张永宗，以上各捐钱二串四百文正。

江衡山，捐钱二串三百文正。

何光炽、丁学钊、邹士章、谢山高、周喜璋、刘培烈、陈文焕、萧磐石、吴维先、杨文通裔、杨凤鸣裔、杨超儒裔、翁宗礼裔、丁文照、易吉照、黄旋吉、刘汉周、刘云蛟、刘冬祥、刘成九、邹亮照、荣华英、黄均六、梁士清、彭世孚、王赞扬、李朝近、张光善、丁周武裔，以上各捐钱二串。

张永远，捐钱一串八百文。

邓文颖、邹承嗣、邹克华、邹全山、江美仕、欧阳宗信、杨望福、何祖赐、何四海，以上各捐钱一串六百文正。

李舒、张集庆祀、张明祀堂、李松筠、李明普、文鸿兴、文寿兴、谢荣发裔、彭邵箕裔、陈继东裔、李移星，以上各捐钱一串六百文。

姚学成、颜祖林、颜东海、刘扬元、刘钦承、谢继昌、周洪五、董义方、易坦安、唐楚善、邱华成、邓柱斋、吴华庭、荣北安，以上各捐钱一串正。

西乡首士

张光野、傅缙安、易玉潭、田泰展、何光灼、杨祖涟
萧振武、张文纶、汤天台、马邦华、刘世振、马张翕
钟正词、钟文庄

西乡捐目

萧振武，捐钱八十串。

张晚成，捐钱六十串。

汤四际，捐钱四十串。

陈遇合，捐钱三十二串。

汤来苏、黎五常、黎名利，以上各捐钱三十串正。

颜汉旃，捐钱二十五串。

傅锡畴、饶鸣冈、刘三星堂、孙崇公裔，以上各捐钱二十四串。

钟本源裔，捐钱二十二串。

张景唐、张声宇、张兆嘉、钟鸣善裔，以上各捐钱二十串正。

刘霖公裔、田时禄、罗绍槐、钟鸣章、钟正词兄弟、钟正瞻兄弟，以上各捐钱一十六串。

张廷松、张光垓、张光玺、张光野、张光垫，以上各捐钱十五串。

萧国臣、蓝定增、刘贵珍兄弟，以上各捐钱十二串。

张云灿、颜怀元、郭都昌、张文纶、田复玉、汤思昂、丁重公裔、周锦攀、张楚珍祀、洪家启裔、晏倬云、刘正时、刘开疆、胡亮采，以上各捐钱十串正。

欧阳仕创、傅垂绅、丁安淑裔、刘炳文裔、凌文淑、汪角宣祠、凌肇裔、谢临章、汤向荣裔、马崇善堂、陈昌鉴、陈彦采、张本敬、杨声梓兄弟，以上各捐钱八串。

程淑裔、张桃溪、孙达岳、孙石元、龙德恺、汤彝公祠、邱占伟、陈芳竹、文声清、陈声和、陈时敏，以上各捐钱六串正。

张九畴、易世珍、唐长茂、黄步周裔、周集华、周廷楫裔、萧元长裔、廖彦周祠、甘长至、胡昌明、张名扬、刘文显、钟映辉、马凤高、夏廷翼、宋尔后祀，以上各捐钱五串正。

易宗爵祠、易玉潭、吴大均、吴选善、龙德皋、王添祥、吴学潢、田祝龄、王世昌裔、周祥斋裔、唐见龙祠，以上各捐钱四串正。

田坤沅、王祖德兄弟、张开遇裔、许恒灿、刘云图、曾天禄、邱永宗、萧宗陶、左湘忠叔侄、曹乾泰、王承鉴、杨名榜、杨皇赞、杨世柱、陈芳徽、杨定福、胡介仕、田复佑、胡光廷、田南庄、田煌锡、林清浩、林清怀、许世坤、钟星轸、钟凌汉、钟文玉、钟理朝、黄达德、蓝三钦、宋锡元祀，以上各捐钱四串正。

张甲庵、张席丰、张四维、张暎典、朱瑞申、廖之栋、田大猷、晏发甲、管荣定、田荆亭、谢琢斋、夏溁泗、汤三祭祀、李贤德、李世松斋、刘振西、李瑞我祀、黄文发斋、朱绍馗斋、刘维细、黄淳贯、罗计一，以上各捐钱三串正。

宋维屏、马凤寰，以上各捐钱二串四百文正。

黄政友、黄政瑞、易世家、廖西端、龙步高、龙体发、易庭植斋、龙世涌、龙灵昭、郭家瑞、孙一堂、龙学秀、龙寿考、郑寻源斋、何子述斋、何光灼、王远山、文松茂斋、汤临远、文星振、杨文选斋、汪廷重斋、周仕朝、许儒安、谢允彝、唐君贤、瞿瞻韩斋、汤崇鳌祀、杨定玉、周攀喜、黄其显、罗声远、钟昌依、钟文灿、沙若元、胡名贵、钟文英、龙伯甫、马仙峰、宋尧盛、马葛彰祀、沈瑞珍、马文龙、宋建邦、李正益，以上各捐钱二串正。

龙荣芹、萧昭武、马吉旋、唐连商、龙马扬、钟凤林、胡上达，以上各捐钱一串六百文正。

黄大和堂兄弟，捐钱一串三百文正。

李华山、林大平、马登伍、丁盛才、刘登仕、龙虞俊、钟泰元、黄□正，以上各捐钱一串正。

北乡首士

宋龙皋、张思漉、匡光覃、易学苏、江洪渊、萧柏林
王添程、张文蔚

北乡捐目

文新命、王公商，以上各捐钱六十串正。

宋协和，捐钱三十二串正。

杨文德，捐钱三十串正。

萧善乐堂，捐钱三十串正。

刘丹奏，捐钱二十五串正。

罗敬庄、周应辉、匡慎修、刘瑞琥，以上各捐钱二十串正。

张中江，捐钱十八串正。

江大三祠，捐钱十六串正。

刘三义，捐钱十六串正。

匡琁超，捐钱十五串正。

邹道泃，捐钱十三串正。

宋潮二、耿大柳、朱振献叔侄、朱君弼、何元亮、钟宏道、杨卫臣、张商霖、张啟公祀，以上各捐钱十二串正。

游裕义、李标诚、王衡万、宋中元、朱节山、匡克容、李思忠、匡泰祺、匡泰禄、李富一、易体元祀、易明碧祀、傅皇建、易乐成、张能才、张斯文、凌高仲、余煌后、张际仁、张世旺、张宗公祀，以上各捐钱十串正。

陈国荣、傅贤三、耿大权、张思漉、张孝思堂、张春田、张雨山、张希尚、张植本堂、吴清怀堂、阳春八、余锦公、苏愚谷、苏后裔、彭大进、张淡庵祀，以上各捐钱八串正。

萧盛燥，捐钱六串五百文。

李声和、程锦纯、傅端表、刘宗益、刘南班、宋明经堂、冯斯仁、周辉南、何卓、陈允祖、陈益祖、黄信庵、黄鼎题、张斗明公、蒋阿傅、陈勋轩、陈光华、朱思麟裔、左抱清、彭亲睦祠、江公慎，以上各捐钱六串正。

胡松柏堂、邹雁南、刘奉朝、刘云蛟、程日楚、程仪公祀、郭峻相、蒋彦镇、李定、万世春、万昆康、罗仕华祀、钟良钊、钟声和、钟用公祀、匡震隆、易明宇祀、易桂梧祀、傅万鹏、张佐上、傅贤宦、傅端委、王光道、萧腾宇、帅廷瑚、胡文灿、胡文煌，以上各捐钱五串正。

刘仕帝、黄承启祀、陈相文、袁国璋、潘瑞卿、潘瑞云、王公七、杨浩然、邓仕景、陈海道、陈魁元、晏石坚、晏泉溥、李湘屏、宋麟图、宋维统、朱成周、钟凤舞、李景一、陈在祖、文召南、易文彝祀、易凤舞祀、张咨礼、张寿官公、张荷庄（本付）、漆润公祀、漆赞公祀、宋佑禄、耿元儒、耿大茂、傅端敬、程尊一、张次韩公，以上各捐钱四串正。

钟协和，捐钱三串六百文。

钟赂南，捐钱三串五百文。

叶元邦，捐钱三串四百文。

蒋道诚，捐钱三串二百文。

陈光齐、杨邦大、谭顺益、江楚升、宋信圭、张敬公祠、朱润身、钟菁华、钟贤润、钟秀万、钟经邦、李黄钟、李醉翁、李继武、李景林、刘善荫、陈咸祖、陈廷祖、傅月旦、赖皇选、傅九皋、宋继美、张声远、陈任祖，以上各捐钱三串正。

胡正南，捐钱二串六百文。

李祷远，捐钱二串五百文。

黄义卿、程五慎、钟文照，以上各捐钱二串四百文。

钟毓秀，捐钱二串二百文。

唐凡会、陈舜齐、罗立仁、黄敦甫、袁珍庵、廖俊辉、谭周易、郭绥禹、陈仲商、唐安俊、潘学显、唐七合、唐洪善、柳永湘、朱玉崇、郑光辉、曾应植、谭奇茂、陈国青、刘正受、刘正扬、晏正先、聂文运、唐敬授、罗秀明、宋焕公祀、宋茂吾祀、朱振绂、何映藜、钟经畲、何云集、钟心田、钟大文、匡显皋、黄运际、匡颖生、匡东美、匡晋美、文召伯、李廷吉、李富三、李景隆、李敬明、文纯正、邹法章、朱绥、谭建康、谭起士、苏填高、周宗倂、朱继熙、郭明玉、郭光楚、邓圣海、陈相汤、张扬廷、张丹田公祀、沈正光、傅文周，以上各捐钱二串正。

钟尚洛、蒋肇初、苏芳美、文五典、李景四、胡文谟，以上各捐钱一串六百文。

何会远、李裪杰，以上各捐钱一串五百文。

钟贤允、王嗣武，以上各捐钱一串二百文。

钟辉彩、陈子重、杨邦鉴、杨经礼、杨经録、杨邦均、陈颂烈、胡五和、宋槐泉、张朝相、钟贤杶、李富二、李裪臣、李裪佐、李惟臣、李元春、李元明、李体仁、李大年、李执中、宋逢元、钟廷显、杨殿臣、张楚珩、张耿山、张思钥，以上各捐钱一串正。

江怀清，捐钱八百文。

卷　四

田宅志

按：汉有《地舆图》，唐有《十道图》，宋有《寰宇记》，皆以纪山川志土物，俾采风者资考证焉。渌江书院束脩、膏火、岁修三会，田业星散，难于稽查。故摘录契文，绘明图形，并载弓丈字号，庶各处田山屋宇等业了如指掌。是亦犹《地舆图》《十道图》《寰宇记》之遗意，以资后人考证云耳。

束脩田册

靖兴寺僧捐书院前后左右庄业。契载田种二硕二斗四升，该官民粮一硕二斗四升八合。其屋书院前后庄屋二栋，又书院左边金牛冲上下庄屋二栋，均桁条、楼枕、限窗、门页等项俱全。其田一处，自书院门首起直出冲口至大河水止，连田无间，大小丘数不计，鱼塘、汲井在内。又自本冲口水港起，照河水直上至朱人住屋下首止，连田无间，其界以河水论，上至山侧废屋基地古壕与朱人田止，以二巨石为界，下至水圳，右至河水，左齐山脚，界内丘数不计。一处书院屋后冲内，自书院起直上至冲尾坡心止，连田无间，塘井在内。一处书院左边金牛冲自尾上坡口起，直出至本契上庄屋门首横过大路止，连田二十一丘。又自大路起至本契下庄屋上首顾人田止，连田十四丘。又下庄屋下首挨山脚巨石小圳边连田九丘。其山自金牛冲口坐势右边挨河水起，包山嘴直入冲尾，逢坡心挖坑，直上至笔架石，又随笔架石绕上骑峰，倒水随骑峰转左包过书院背后，冲尾绕至书院右边山嘴，坐势右侧，照朱人屋角古壕一路随壕直上骑峰为界。界内全山、全嘴、全坡及余坪、余地、园土、蔴土、正杂树木、柴薪在内。以上等业概归书院束脩管理。兹清丈绘图，注明于下。

　　该庄田租逐年开靖兴寺供奉香灯谷十二硕正。

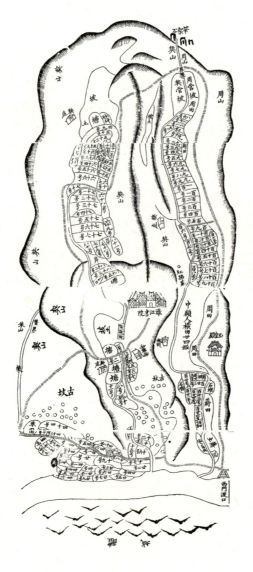

一号径：九弓七分，四广扣：二弓五分，种：一升零一勺零四撮。

二号径：六弓四分，二广扣：四弓三分，种：一升一合四抄七撮。

三号径：十三弓，四广扣：三弓，种：一升六合二勺五抄。

四号径：三弓，一广：一弓四分，种：一合七勺五抄。

五号径：十一弓一分，三广扣：六弓五分，种：三升零零六抄二撮。

六号径：十弓七分，二广扣：三弓九分，种：一升七合三勺八抄八撮。

七号径：九弓四分，二广扣：七弓三分，种：二升八合五勺九抄一撮。

八号径：七弓二分，三广扣：二弓五分，种：七合五勺。

九号径：三弓五分，一广：一弓，种：一合四勺五抄八撮。

十号径：七弓九分，二广扣：二弓三分，种：七合五勺七抄一撮。

十一号径：七弓七分，二广扣：四弓六分，种：一升四合七勺五抄八撮。

十二号径：十四弓，三广扣：四弓三分，种：二升五合零八抄三撮。

十三号径：七弓八分，三广扣：一弓九分，种：六合一勺七抄五撮。

十四号径：八弓，二广扣：一弓七分，种：五合六勺六抄六撮。

十五号径：六弓五分，一广：四弓九分，种：一升三合二勺七抄一撮。

十六号径：十二弓四分，五广扣：二弓九分，种：一升四合九勺八抄三撮。

十七号径：二十一弓二分，五广扣：二弓一分，种：一升八合五勺五抄。

十八号径：七弓五分，二广扣：一弓，种：三合一勺二抄五撮。

　　十九号径：十一弓一分，三广扣：三弓七分，小径：十一弓一分，三广扣：五弓五分，共种：四升二合五勺五抄。

　　二十号径：十七弓八分，五广扣：七弓一分，种：五升二合六勺五抄八撮。

　　二十一号径：十一弓，三广扣：一弓九分，种：八合七勺零八撮。

　　二十二号径：二十四弓四分，六广扣：四弓六分，种：四升六合七勺六抄七撮。

　　二十三号径：十四弓，四广扣：一弓五分，种：八合七勺五抄。

　　二十四号径：十八弓，四广扣：二弓六分，种：一升九合五勺。

　　二十五号径：九弓七分，二广扣：八分，种：三合二勺三抄三撮。

　　二十六号径：二弓四分，一广：九分，种：九合。

　　二十七号径：六弓六分，二广扣：一弓六分，种：四合四勺。

　　二十八号径：十一弓四丘并，三广扣：一弓三分，种：六合。

　　二十九号径：五弓二丘并丈，三广扣：九分，种：一合八勺七抄五撮。

　　三十号径：十弓零七分，三广扣：三弓三分，种：一升四合七勺一抄二撮。

　　三十一号径：十五弓四分，四广扣：二弓六分，种：一升六合六勺八抄三撮。

　　三十二号径：七弓六分，三广扣：二弓三分，种：七合二勺八抄三撮。

　　三十三号径：五弓一分，一广：五弓四分，种：一升一合四勺七抄五撮。

　　三十四号径：十四弓七分，三广扣：二弓四分，种：一升四合七勺。

三十五号径：十四弓七分，三广扣：二弓一分，种：一升二合八勺六抄二撮。

三十六号径：十四弓四分，三广扣：二弓一分，种：一升二合六勺。

三十七号径：八弓四分，三广扣：三弓二分，种：一升一合二勺。

三十八号径：九弓二分，三广扣：一弓六分，种：六合一勺三抄三撮。

三十九号径：十弓零八分，三广扣：二弓，种：九合。

四十号径：十弓，三广扣：八分，种：三合三勺三抄三撮。

四十一号径：十七弓三分，四广扣：二弓一分，种：一升五合一勺三抄七撮。

四十二号径：九弓二分，二广扣：四弓，种：一升五合三勺三抄三撮。

四十三号径：十四弓八分，三广扣：四弓，种：二升四合六勺六抄六撮。

四十四号径：三十七弓二分，七广扣：七弓八分，种：一斗二升零九勺。

四十五号径：十弓，二广扣：二弓，种：八合三勺三抄三撮。

四十六号径：十一弓四分，三广扣：三弓四分，种：一升六合一勺五抄。

四十七号径：五弓一分，一广：一弓六分，种：三合四勺。

四十八号径：三十五弓四分，八广扣：二弓一分，种：三升零九勺七抄五撮。

四十九号径：三十弓零三分，七广扣：五弓一分，种：六升四合三勺八抄七撮。

五十号径：二十弓零三分，四广扣：一弓五分，种：一升二合六勺八抄七撮。

五十一号径：十三弓一分，三广扣：二弓九分，种：一升五合八勺二抄九撮。

五十二号径：十六弓五分，四广扣：二弓一分，种：一升四合四勺三抄七撮。

五十三号径：九弓三分，三广扣：八弓六分，种：三升三合三勺二抄五撮。

五十四号径：十六弓一分，四广扣：九分，种：六合零三抄七撮。

五十五号径：八弓，二广扣：一弓，种：三合三勺三抄。

五十六号径：三弓四分，二广扣：一弓五分，种：二合一勺二抄五撮。

五十七号径：八弓四分，四广扣：一弓一分，种：三合八勺五抄。

五十八号径：六弓六分，三广扣：一弓九分，种：五合二勺二抄五撮。

五十九号径：四弓五分，一广：一弓四分，种：二合六勺二抄五撮。

六十号径：六弓三分，三广扣：二弓一分，种：五合五勺一抄二撮。

六十一号径：二弓九分，一广：二弓八分，种：三合三勺八抄三撮。

六十二号径：七弓三分，二广扣：二弓三分，种：七合。

六十三号径：五弓四分，二广扣：二弓四分，种：五合四勺。

六十四号径：六弓四分，二广扣：四弓，种：一升零六勺六抄六撮。

六十五号径：五弓六分，一广：二弓，种：四合六勺六抄六撮。

六十六号径：十四弓八分，三广扣：八弓五分，种：五升二合四勺一抄七撮。

六十七号径：十一弓三分，四广扣：一弓九分，种：八合九勺四抄六撮。

六十八号径：十六弓，四广扣：二弓八分，种：一升八合六勺六抄六撮。

六十九号径：十二弓八分，四广扣：二弓五分，种：一升三合三勺三抄三撮。

七十号径：五弓三分，二广扣：一弓五分，种：三合三勺一抄二撮。

七十一号径：四弓一分，二广扣：一弓四分，种：二合三勺九抄二撮。

七十二号径：五弓八分，二广扣：二弓，种：四合八勺三抄三撮。

七十三号径：十六弓一分，五广扣：一弓九分，种：一升二合七勺四抄六撮。

七十四号径：七弓八分，三广扣：一弓一分，种：三合五勺七抄五撮。

七十五号径：七弓五分，二广扣：三弓七分，种：一升一合五勺六抄二撮。

七十六号径：十三弓，五广扣：三弓九分，种：二升一合一勺二抄五撮。

七十七号径：九弓七分，三广扣：二弓一分，小径：四弓一分，一广：二弓，共种：一升一合九勺零四撮。

七十八号径：七弓，二广扣：一弓六分，种：四合六勺六抄六撮。

七十九号径：九弓五分，三广扣：二弓四分，小径：五弓一分，三广扣：一弓二分，共种：一升二合零五抄。

八十号径：十三弓三分，五广扣：一弓九分，种：一升零五勺二抄九撮。

八十一号径：四弓五分，二广扣：一弓四分，种：二合六勺二抄五撮。

八十二号径：七弓八分，三广扣：一弓七分，种：五合五勺二抄五撮。

八十三号径：十二弓，四广扣：二弓二分，种：一升一合。

八十四号径：二弓，一广：九分，种：七勺五抄。

八十五号径：九弓七分，三广扣：六弓七分，种：二升七合零七抄九撮。

八十六号径：四弓七分，二广扣：二弓七分，种：五合二勺八抄七撮。

八十七号径：七弓，二广扣：一弓四分，种：四合零八抄三撮。

八十八号径：九弓一分，三广扣：二弓三分，种：八合七勺二抄一撮。

八十九号径：四弓，二广扣：一弓，种：一合六勺六抄六撮。

九十号径：七弓四分，三广扣：一弓六分，种：四合九勺三抄三撮。

九十一号径：七弓四分，三广扣：一弓七分，种：五合二勺四抄二撮。

九十二号径：五弓六分，二广扣：一弓三分，种：三合零三抄三撮。

九十三号径：九弓，四广扣：三弓，种：一升一合二勺五抄。

九十四号径：四弓五分，二广扣：一弓，种：一合八勺七抄五撮。

九十五号径：四弓七分，二广扣：一弓九分，种：三合七勺二抄一撮。

九十六号径：四弓三分，二广扣：一弓五分，种：二合六勺八抄七撮。

九十七号径：四弓，二广扣：四弓二分，种：七合。

九十八号径：四弓三分，二广扣：三弓二分，种：五合七勺三抄三撮。

九十九号径：七弓五分，二广扣：五弓六分，种：一升七合五勺。

一百号径：五弓四分，二广扣：三弓五分，种：七合八勺七抄五撮。

一百〇一号径：六弓，二广扣：五弓四分，种：一升三合五勺。

一百〇二号径：八弓五分，四广扣：一弓一分，种：三合八勺九抄六撮。

一百〇三号径：七弓二分，三广扣：四弓一分，种：一升二合三勺。

一百〇四号径：七弓，二广扣：四弓，种：一升一合六勺六抄六撮。

一百〇五号径：六弓，一广：六弓，种：一升五合。

一百〇六号径：十三弓二丘并，三广扣：四弓七分，种：二升五合四勺五抄八撮。

一百〇七号径：八弓二分，三广扣：一弓，种：三合四勺一抄六撮。

一百〇八号径：二十四弓四分，七广扣：一弓二分，种：一升二合二勺。

一百〇九号径：九弓，三广扣：一弓三分，种：四合八勺七抄五撮。

一百一十号径：七弓六分，二广扣：三弓七分，种：一升一合七勺一抄六撮。

一百一十一号径：七弓八分，三广扣：二弓，种：六合五勺。

一百一十二号径：九弓四分，二广扣：四弓七分，种：一升八合四勺零八撮。

一百一十三号径：十弓零五分，三广扣：二弓七分，种：一升一合八勺一抄二撮。

一百一十四号径：九弓八分，二广扣：三弓，种：一升二合二勺五抄。

一百一十五号径：十弓零五分，二广扣：四弓一分，种：一升七合九勺三抄七撮。

一百一十六号径：十弓零七分，二广扣：四弓八分，种：

二升一合四勺。

一百一十七号径：十三弓五分，三广扣：四弓九分，种：二升七合五勺六抄二撮。

一百一十八号径：六弓，二广扣：一弓，种：二合五勺。

一百一十九号径：十弓零六分，二广扣：五弓九分，种：二升六合零五抄八撮。

一百二十号径：三弓八分，二广扣：一弓，种：一合五勺八抄三撮。

一百二十一号径：十四弓，四广扣：六分，种：三合五勺。

一百二十二号径：三弓二分，一广：二弓，种：二合六勺六抄六撮。

一百二十三号径：八弓八分，三广扣：三弓，种：一升一合。

一百二十四号径：十二弓，四广扣：八分，种：四合。

一百二十五号径：十一弓八分，三广扣：二弓二分，种：一升零八勺一抄六撮。

一百二十六号径：五弓五分，二广扣：一弓七分，种：三合八勺九抄五撮。

一百二十七号径：十二弓，三广扣：二弓四分，种：一升二合。

一百二十八号径：十二弓五分，二广扣：一弓六分，种：八合三勺三抄三撮。

右共田一百二十八丘，实积种一石六斗五升四合一勺九抄，较契载亏种五斗八升五合八勺一抄。

丁存心、丁养性兄弟捐东乡地，名香水渡、花桥冲二处庄业。契载田种二硕八斗，共该官民田塘粮一硕五斗八升。界址、丘段开列于后。

一处香水渡庄业，契载田种五斗。其丘段界址，店前上低洲社庙前，挨高塝连田大小四丘，四止至港水、至张田，并余坪、粪窖在内。又苏家坝上下圳合水处，连田二丘，田垱粪窖一只。又横桥出水港左边挨杨人大丘田一丘，田垱大粪窖一只，均系苏家坝水及各坝水上下圳通流顺放反车灌荫，田边之港水、港岸、车埠随田便管。此业概归书院束脩管理，老契并发。

　　一处花桥冲，契载田种二硕三斗。庄屋一栋，屋后山岭、竹木、杂树，门首余坪、余基、粪窖、池塘及各塘塘水、塘底均属五股之一。其田丘段界址，庄屋对门江背大路上连田四丘，上至王田，下至大路为界。隔一号随圳直至大路，连田六丘。又下坝出水左边塝上田一丘，隔张田一号又一尖丘，连尖丘下垱隔张田一号又一长丘，大路下随松山行人路直下一段，连田六丘，第五丘左垱粪窖一只。正垅内一段连田七丘，下隔钟田一号又一湾丘，下至王田为界。又挨江边下坝塝上洲土一块，中隔曾人土下又土一片，连土下一方丘。又下龙王塘下垱王人田塝下一尖丘，均系上龙王塘（又名木子塘）、下龙王塘、三砂坝（挨上龙王塘）泉源水、下坝水洪水、泉壶井泉源水及门首井一口，由田由圳依老额通流车放荫注。并下龙王塘面余坪一块，俱系五股之一。惟下龙王塘面回周围木子树平管。此业概归书院束脩管理。老契并发，兹将二处清丈各绘一图，注明于下。

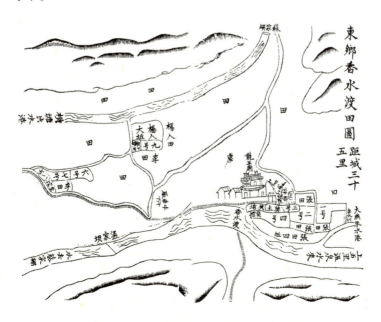

一号径：十一弓二分，二广扣：八弓一分，小径：九弓四分，三广扣：三弓五分，共种：五升一合零四抄一撮。

二号径：十七弓五分，五广扣：六弓四分，种：四升六合六勺六抄六撮。

三号径：十弓，三广扣：四弓八分，种：二升。

四号径：十七弓，四广扣：五弓，种：三升五合四勺一抄六撮。

五号径：七弓八分，一广：一弓五分，种：八合四勺七抄五撮。

六号径：二十四弓三分，四广扣：九弓四分，种：九升五合一勺七抄五撮。

七号径：二十五弓，三广扣：五弓七分，种：五升九合三勺七抄五撮。

八号径：五弓，二广扣：二弓六分，种：五合四勺一抄六撮。

九号径：三十五弓，五广扣：六弓，种：八升七合五勺。

十号径：六弓六分，二广扣：三弓四分，种：九合三勺五抄。

右共田七丘，粪窖三只，共积种四斗一升四合八勺一抄四撮，较契载亏种八升五合一勺八抄六撮。

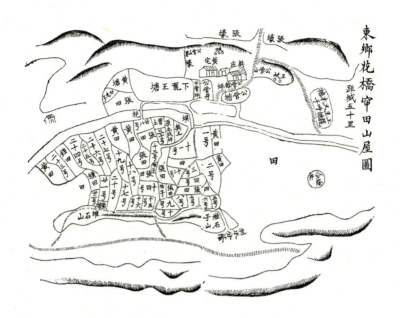

　　一号径：二十七弓三分，五广扣：七弓九分，种：八升九合八勺六抄三撮。

　　二号径：三十二弓一分，五广扣：五弓一分，种：六升八合二勺一抄三撮。

　　三号径：四弓五分，二广扣：四弓六分，种：八合六勺二抄五撮。

　　四号径：十弓零五分，三广扣：十一弓九分，种：五升二合零六抄三撮。

　　五号径：十一弓二分，二广扣：四弓五分，种：二升一合。

　　六号径：十二弓二分，三广扣：五弓九分，种：二升九合九勺九抄二撮。

　　七号径：十弓零五分，三广扣：六弓三分，种：二升七合五勺六抄三撮。

　　八号径：十二弓四分，三广扣：七弓，种：三升六合一勺六抄六撮。

　　九号径：十三弓二分，四广扣：六弓一分，小径：四弓七分，一广：四弓，共种：四升一合三勺八抄三撮。

十号径：十弓，二广扣：六弓五分，种：二升七合零八抄三撮。

十一号径：十一弓三分，二广扣：十一弓一分，小径：十一弓八分，二广扣：五弓五分，共种：七升九合三勺零四撮。

十二号径：九弓一分，三广扣：四弓六分，种：一升七合四勺四抄二撮。

十三号径：二十一弓三分，五广扣：四弓六分，种：四升零八勺二抄五撮。

十四号径：二十五弓七分，四广扣：七弓八分，种：八升三合五勺二抄五撮。

十五号径：十弓零九分，二广扣：十弓零五分，种：四升七合六勺八抄八撮。

十六号径：十一弓二分，三广扣：十二弓七分，种：五升九合二勺六抄六撮。

十七号径：十六弓一分，三广扣：五弓七分，种：三升八合二勺三抄八撮。

十八号径：二十七弓二分，五广扣：三弓一分，种：三升五合一勺三抄三撮。

十九号径：三十七弓五分，五广扣：四弓三分，种：六升七合一勺八抄八撮。

二十号径：三十八弓五分，五广扣：十弓零三分，种：一斗六升五合二勺三抄三撮。

二十一号径：三十五弓一分，五广扣：十二弓一分，种：一斗七升六合九勺六抄三撮。

二十二号径：六弓三分，二广扣：三弓一分，种：八合一勺三抄八撮。

二十三号径：二十六弓四分，四广扣：五弓一分，小径：六弓三分，二广扣：四弓二分，共种：六升七合一勺二抄五撮。

二十四号径：四十弓零四分，五广扣：十弓零四分，小径：七弓，二广扣：四弓九分，共种：一斗八升九合三勺五抄八撮。

二十五号径：二十九弓八分，五广扣：四弓二分，种：五升二合一勺五抄。

二十六号径：四十二弓，七广扣：十二弓，种：二斗一升。

二十七号径：三十一弓四分，三广扣：十二弓九分，小径：九弓六分，二广扣：七弓，共种：一斗九升六合七勺七抄五撮。

二十八号径：十七弓，三广扣：六弓四分，种：四升五合三勺三抄三撮。

二十九号径：七弓二分，二广扣：五弓二分，种：一升五合六勺。

右共田二十九丘，共计种一硕九斗九升七合二勺五抄五撮，较契载亏种三斗零二合七勺五抄。

潘祖垓捐东乡地，名五里牌东岸洞冲口庄业。契载田种二硕七斗二升，该官民粮一硕六斗三升六合八勺。其丘段界止，小坝垅内（原名鲤鱼大丘）田一丘，上至文田，下至郭田、王田，左至吴田、文田，右至高墈下李田。一处小坝垅契沙井下，隔瞿田一丘下大四方丘田一丘，上下左右俱至瞿田。一处瞿人住宅门首，契田纳胫丘下原名绕水窖丘下田一大丘。又瞿人住屋右侧庄屋门首契腰塘下田一大丘，车埠圳路在内。小坝垅内沙井下第六丘田一大方丘。瞿人门首陈姓坟坪左侧田一丘，上右至瞿田、陈坟坪，左至瞿田塘，下至瞿田。一处吴人屋后围墙水圳外大路上直连田二丘，上至陈坟坪，下至柳店屋角及陈坟后坪，左至瞿田，右至吴人屋后大路外出水圳为界。连左界隔瞿田一丘下田一丘，上至腰塘塘基，下至柳店屋左角及契田方丘，左至契田方丘，右至瞿田。一处瞿人住屋上首庄屋门首左侧挨腰塘连田二丘，其界上至瞿田，下至瞿围墙小圳，左随小圳外壕围绕，下至围墙横圳，左随腰塘水为界，界内田边水圳外壕墈余基在内。瞿人屋门首陇内原名纳胫丘田一丘，并绕水窖丘在内，上至郭田，下至契田、瞿田。连右下大方丘田一丘，上至郭田，下至契田、瞿田，左至契田，右至郭田。连右界大方丘田一丘，上至郭田，下至契田、瞿田，左至纳胫丘，右至瞿田。隔瞿田一丘下大长丘田一丘，上下至瞿田，左至纳胫丘，右至吴田。又隔瞿田下二斗丘田一丘，一斗丘田一丘，四斗丘田一丘。连下三斗丘田一丘，连余土，其界上左至瞿田，下至郭田、瞿田，右至瞿田、吴田为界，界内田边水圳、粪窖、余地一并在内，其荫注系大小坝二座。小坝垅内新塘下沙井一口，瞿人庄屋门首腰塘一口，洞冲新塘一口，湾塘一口，均照老额。塘底、塘水、井水、坝窖、坝底及泉源余水车放，排水股分由田由圳通流顺放，反车无阻。此业潘姓三契接买，并发瞿清贤、瞿云吉、吴有典，老契三纸与书院束脩会管理。

契买瞿云吉东乡地，名五里牌东岸洞坑口屋宇余地庄业。契载洞冲口腰塘左边独围一只，围内茅屋一栋，共计四间。屋内门壁、门扇、桁条、窗槛均全。门外三砂晒坪、粪池、余坪在内。其界依本冲出水上至老壕外文人山围墙，下至老壕外罗人田塘，左至老壕外钟人田，右至老壕外文塘罗田及书院契田为界。界内周围老壕及松杂、荆棘、柑竹、茶麻、蔬土、荒坪、山岭（旧屋久祀今建新庄，原基地已开成田数丘）并腰塘一口，已分塘底六股之一，水分亦六股之一。此业概归书院束脩管理。

兹将二契清丈，共绘一图，注明于下。

一号径：十弓零六分，三广扣：六弓九分，种：三升零四勺七抄五撮。

二号径：六弓八分，三广扣：六弓二分，种：一升七合五勺六抄六撮。

三号径：七弓一分，三广扣：九弓四分，种：二升七合八勺零八撮。

四号径：十弓，三广扣：五弓七分，种：二升三合七勺五抄。

五号径：六弓一分，一广：七弓七分，种：一升九合五勺七抄一撮。

六号径：十六弓一分，四广扣：五弓八分，种：三升八合九勺零八撮。

七号径：十六弓，三广扣：十四弓三分，种：九升五合三勺三抄三撮。

八号径：十二弓五分，四广扣：二弓九分，种：一升五合一勺零四撮。

九号径：十二弓七分，三广扣：四弓六分，种：二升四合三勺四抄一撮。

十号径：十二弓二分，四广扣：二弓八分，种：一升四合二勺三抄三撮。

十一号径：十五弓，三广扣：五弓四分，种：三升三合七勺五抄。

十二号径：四十弓，四广扣：十四弓五分，小径：十九弓七分，四广扣：十弓零三分，又小径：十七弓六分，三广扣：八弓四分，共种：三斗八升七合八勺一抄二撮。

十三号径：二十弓四分，三广扣：十四弓，种：一斗三升六合五勺。

十四号径：五十六弓，八广扣：七弓二分，种：一斗六升八合。

十五号径：二十九弓七分，五广扣：十四弓三分，种：一斗七升六合九勺六抄二撮。

十六号径：五十五弓，八广扣：十五弓四分，种：三斗五升二合九勺一抄六撮。

十七号径：四十九弓，四广扣：十四弓八分，种：三斗零二合一勺六抄六撮。

十八号径：十四弓，四广扣：十五弓三分，种：八升九合二勺五抄。

十九号径：二十三弓四分，三广扣：十九弓三分，种：一斗八升八合一勺七抄五撮。

二十号径：三十六弓三分，四广扣：九弓七分，种：一斗四升六合七勺一抄二撮。

二十一号径：三十五弓，六广扣：十六弓二分，种：二斗三升六合二勺五抄。

右田二十一丘，实积种二硕五斗二升五合五勺八抄二撮，较原种亏一斗九升有奇。

契买张梅窗东乡地，名丁家坊庄业。契载田种二斗二升，该官民粮一斗二升五合。其田，大塝上马杓丘田一丘，上至大路，下至合翼田，左上至声哕田，下至秋分祀田，右上至英华田，中至声哕田，下至德润田。荫注系贯风塘彻底放车。此业归书院束脩管理。老契未发。

兹清丈绘图，注明于下。

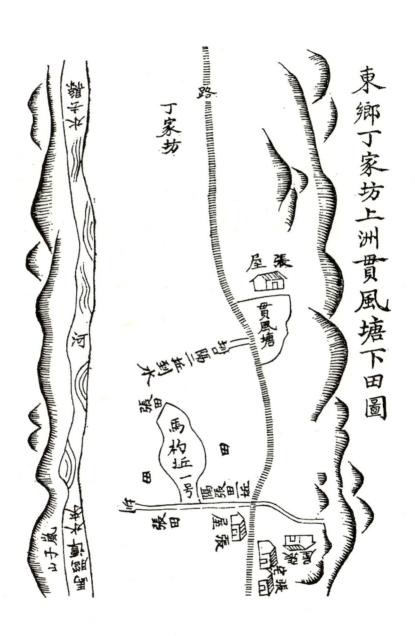

東鄉丁家坊上洲貫風塘下田圖

一号径：四十二弓九分，七广扣：七号九分，小径：二十七号二分，三广扣：四弓五分，共种：一斗九升二合二勺一抄二撮。

右田一丘，共积种一斗九升二合二勺一抄二撮，较原种实长六升七合有奇。

契买张合六东乡地，名丁家坊上洲刘家垅庄业。契载田种二斗五升，该官民粮一斗四升一合二勺五抄。其丘段界址，刘家垅荷叶塘下第二丘田一丘，第三丘田一丘，并田垱粪窖在内。东至圳外田塍，水圳随田公管，南至元攀祀田，西至路，北至门楼分祀田。第六丘汤家大丘田一丘，挨田东垱水圳在内，东至圳外田塍，南至华林兄弟田，西至文人山脚，北至元攀祀田。又挨文人山脚田二丘，东至路沟，南至张人田，西至文人山脚，北至元攀裔屋。又荷叶塘一口，已名下应管塘底七股之四。兹塘上截已垦成田一丘，连垦田上塘尾亦垦成田一丘，均应管七股之四。又虎形山软颈垦田一丘，共计田八丘，荫注系荷叶塘彻底车放。虎形山一面由本山脚荒田坡土上绕至骑峰，下绕至田，并山脚在内。此业概归书院束脩管理。并附老契一纸。

契买李寿海东乡地，名丁家坊上洲庄业。契载田种四斗六升六合，该官民粮二升六升三合二勺九抄。其丘段界址，大石塘下第二丘田一丘，前后均至文田，左至张人山脚，右至罗人山脚大路下、刘家垅第三丘田一丘，连下田一丘左垱小田一丘，前至文田，后至兆嘉田及文田，左至张人土，右至水圳。又大石塘下第五丘窖丘田一丘，前至大路，后至文田，左至张祠山脚，右至罗人山脚，共计田五丘，荫注均系大石塘彻底车放，水圳随田管理。此业概归书院束脩契管。老契未发。

兹将二契清丈，共绘一图，注明于下。

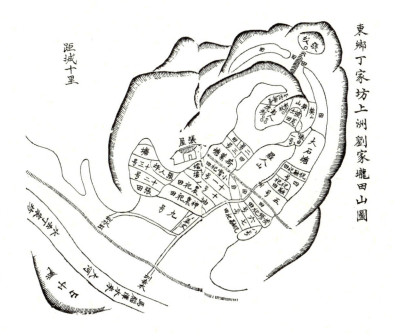

東鄉丁家坊上洲劉家塅田山圖

距城十里

　　一号径：八弓，三广扣：二弓六分，种：八合六勺六抄六撮。

　　二号径：七号，二广扣：五弓五分，种：一升六合零四抄一撮。

　　三号径：九号，三广扣：四弓七分，小径：十四弓三分，四广扣：一弓九分，共种：二升八合九勺四抄六撮。

　　四号径：三十四弓六分，十广扣：四弓五分，种：六升四合八勺七抄五撮。

　　五号径：二十六弓四分，五广扣：十三弓三分，种：一斗四升六合三勺。

　　六号径：二十五弓七分，四广扣：七弓七分，种：八升二合四勺五抄四撮。

　　七号径：二十五号八分，四广扣：七弓六分，种：八升一合七勺。

　　八号径：十六弓二分，三广扣：三弓四分，小径：四弓三分，二广扣：三弓二分，共种：二升八合六勺八抄三撮。

九号径：二十五弓四分，五广扣：九弓七分，种：一斗零二合六勺五抄八撮。

十号径：二十二弓四分，三广扣：七弓三分，种：六升八合一勺三抄三撮。

十一号径：十八弓三分，三广扣：五弓八分，种：四升四合二勺二抄五撮。

十二号径：十四弓，三广扣：四弓，小径：六弓四分，二广扣：二弓一分，共种：二升八合九勺三抄三撮。

十三号径：十二弓七分，三广扣：四弓，种：二升一合一勺六抄六撮。

右共田十三丘，共积种七斗二升二合七勺八抄，较原种实长六合七勺八抄。

潘士谷捐东乡地，名黄沙洲庄业。契载田种一硕五斗正，该积官民粮八斗四升七合五勺。庄屋一栋，依屋坐向平厅心直出右边，一边共计二间半，前至本人田窖，后至觍房基地，屋内门壁、椽桁、茅盖应有现有俱全（后因水屋顶庄屋移建右边，系书院独管）。门首晒坪、余坪均随屋管。门首坪下西边连土窖二只，连田二丘（今通作一丘），挨田垱荫注塘一口，四股之一与刘共荫，左至刘人塘，右至彭人土，前至刘人田，后至本屋。门首坪屋右三砂晒坪一只，晒坪外洲土四连，左至彭人土，右至觍房土，前至河水，后至晒坪。对门塘塥上挨彭人壕基蔬园一只，由邹人土窖垱绕至刘人晒坪，随坪直至塘水，右随行人路直至塘水。一处觍房庄屋后竹园外挨大路下连田一丘。前至河水，后至大路，上至彭人田及觍房田。一处筒车出水圳右边方丘田一丘，上至彭人洲土，下连水圳，右至刘人田，左连水圳。一处正垅内黄泥丘田一丘，挨黄泥丘右边连田三丘，右至邹人竹山高塥，左至水圳及彭人、邹人田，上至彭人及觍房洲土，下连水圳及邹人田。一处龙塘下大丘田一丘，连塘垱土窖一只，上至彭人田，下至觍房田，左至刘人田，右至邹人田，龙塘股分荫注均照老额。一处瀚西塘彭人土下连田二丘，前至刘人田及榔房田，后至彭人土，左右均连水圳，瀚西塘十股之一车放通流荫注。一处彭人塘下田一丘，前至彭人田，后至彭人塘，左连路外水圳，右至彭人田。一处牛路边桐子丘田一丘，前连水圳，后至牛路，左至刘人田塝，右至殷人坟坪及邹人田。一处长塘上垱条丘田一丘，上至行人路，下至本塘，左至牛车塘，右至邹人田塝，牛车塘十股之一车放通流荫注。永寿坝筒车额坝一座并水枧一切车用在内，水分依五日五夜一转轮，计香水三拾根，每根分作五股派，每轮应放香水二根零二股，所有荫注由田由圳均依老额。此业概归书院束脩管理。

　　兹清丈绘图，注明于下。

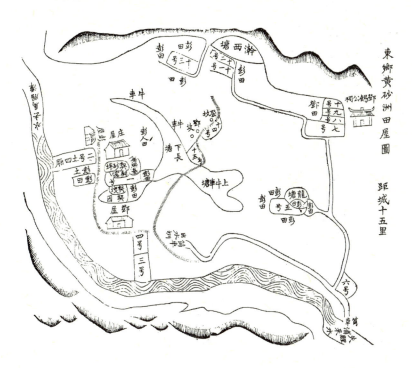

　　一号径：十二弓六分，二广扣：十弓零八分，种：五升六合七勺。

　　二号径：四十三弓，二广扣：五弓九分，种：一斗零五合七勺零八撮。

三号径：十五弓七分，二广扣：十三弓四分，种：八升七合六勺五抄八撮。

四号径：十一弓八分，二广扣：十二弓，种：五升九合。

五号径：三十一弓六分，二广扣：十四弓一分，小径：九弓，二广扣：六弓，共种：二斗零八合一勺五抄。

六号径：十八弓七分，二广扣：十一弓，种：八升五合七勺零八撮。

七号径：三十五弓一分，三广扣：十四弓一分，种：二斗零六合二勺一抄二撮。

八号径：二十二弓，二广扣：十二弓二分，种：一斗一升一合八勺三抄三撮。

九号径：十四弓三分，二广扣：五弓四分，种：三升二合一勺七抄五撮。

十号径：十三弓六分，二广扣：六弓七分，种：三升七合九勺六抄六撮。

十一号径：三十五弓一分，六广扣：五弓三分，小径：八弓三分，十广扣：三弓七分，共种：九升零三勺零八撮。

十二号径：二十三弓一分，五广扣：三弓八分，种：三升六合五勺七抄五撮。

十三号径：三十一弓九分，五广扣：二十五弓四分，种：三斗三升七合六勺。

十四号径：十八弓六分，三广扣：七弓，小径：四弓三分，二广扣：六弓四分，共种：六升五合七勺一抄七撮。

十五号径：十九弓，三广扣：六弓五分，种：五升一合四勺五抄八撮。

十六号径：十七弓一分，四广扣：三弓四分，种：二升四合二勺二抄五撮。

右共田十六丘，共计种一硕五斗九升六合九勺九抄三撮。较契载多种九升六合九勺九抄三撮。

潘承炘裔祖玉、祖垓等捐东乡地名熊家坝庄业。契载田种五硕，该官民田塘土粮二硕四斗八升九合八勺五抄二撮。庄屋一栋，前后二进，平正厅心直出东边，一边并横屋，余屋基址、椽桁、茅盖、楼栿、门壁、槛窗一切应有现有均随屋管。门首晒坪、余坪、粪池、鱼塘及李人庄屋前屋基一所，均照原接买契平管，屋后竹山、围壕亦平正厅心直至河水左边，围内竹木及左弄巷余屋、粪池在内，其界址股分均依老契管理。一处汪人门首垅内田三丘，上至汪人田，下至汪田、李田，左右均至汪田。一处柳树塘连田三丘，上至汪田，下至李田，左至李塘，右至河水。一处车子棚墈上连田四丘，上至圳提，下至潘存田及汪田，左至潘存田，右至河水。一处屋门首田二丘，上至李田，下至熊人坟及潘存田，左至汪田，右至潘存田。一处围墙垱上大方丘田一丘，上至李田，下至潘存田，左右均至李田。一处码口边角丘田一丘，上连直圳，下至李田，左连水圳。角丘右边直五斗丘田一丘，细四斗丘田一丘，大四斗丘田一丘，挨田土窖二只，上连直圳，下至李田，左至李田，右至汪李田。一处边角丘田一丘并洲土十八连，内连田三丘，上至李田、汪田，下至小港，左至李田，右至河水。又隔李田二丘下田二丘，上下至李田，左至李田、潘存田，右至河水。一处下五斗墈上田一丘，上下均至李田，左至汪田，右至河水。荫注系庄屋后筒车一架，河坝一座，高低水枧圳路十大股、内管一股七爪半（今车坝废）。又曾人老屋基门首塘、滚子塘、菱角塘、荆塘、长湖塘五塘，塘底塘水均系六股之一，以上筒车、水塘、水河边车埠均由田由圳通流贯荫，以及反车透荫无阻。此业概归书院束脩管理。

契买黄金元东乡熊家坝庄塘荫，其塘荆塘一半、长塘一半、桎木塘一口。共塘种一硕零六升，该塘粮二斗五升。任其彻底车放通流灌荫，此业统归书院束脩管理。

兹将二契清丈绘图，注明于下。

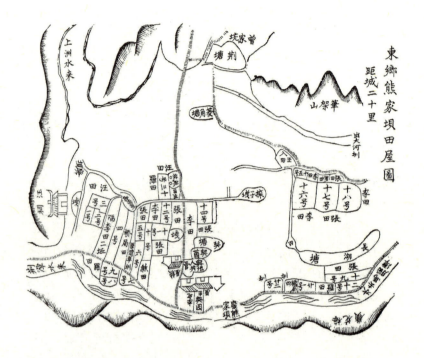

　　一号径：十五弓六分，三广扣：七弓三分，种：四升七合四勺五抄。

　　二号径：二十弓零五分，二广扣：二十一弓八分，种：一斗八升六合二勺零八撮。

　　三号径：二十四弓一分，四广扣：一十四弓九分，小径：九弓七分，一广：七弓四分，共种：一斗七升九合五勺二抄九撮。

　　四号径：五十九弓七分，七广扣：八弓二分，种：二斗零三合九勺七抄五撮。

　　五号径：十七弓三分，二广扣：十一弓七分，种：八升四合三勺三抄七撮。

　　六号径：四十一弓八分，五广扣：十二弓一分，种：二斗一升零七勺四抄二撮。

　　七号径：十五弓五分，五广扣：六弓三分，种：四升零六勺八抄七撮。

八号径：十四弓，三广扣：二弓七分，种：一升五合七勺五抄。

九号径：十四弓二分，三广扣：九弓四分，种：五升五合六勺一抄六撮。

十号径：三十九弓二分，七广扣：四弓五分，种：七升三合五勺。

十一号径：十六弓一分，二广扣：十七弓九分，种：一斗二升零零七抄九撮。

十二号径：三十弓零一分，四广扣：八弓八分，种：一斗一升零三勺一抄七撮。

十三号径：二十六弓四分，四广扣：十一弓四分，种：一斗二升五合四勺。

十四号径：二十八弓二分，三广扣：二十八弓二分，种：三斗三升一合三勺五抄。

十五号径：二十八弓六分，三广扣：十一弓，种：一斗三升一合零八抄三撮。

十六号径：四十八弓三分，四广扣：二十一弓四分，种：四斗三升零六勺七抄五撮。

十七号径：三十五弓六分，四广扣：二十八弓，种：四斗一升五合三勺三抄三撮。

十八号径：二十七弓八分，三广扣：三十二弓八分，种：三斗七升九合九勺三抄三撮。

十九号径：四十五弓八分，六广扣：七弓八分，种：一斗四升八合八勺五抄。

二十号径：二十六弓，四广扣：五弓五分，种：五升九合五勺八抄三撮。

二十一号径：十五弓七分，二广扣：十弓零六分，种：六升九合三勺四抄二撮。

二十二号径：十一弓四分，三广扣：七弓七分，种：三升六合五勺七抄五撮。

右田二十二丘，共积种三硕四斗五升六合三勺六抄四撮，较契载亏种一硕五斗四升三合六勺三抄六撮。

　　谢丹臣（仝男）、儒珍、文衡、良翰等捐南乡地，名官村境雷公坡冲及豺狗坡冲杉树嘴下等处庄业。契载田种三硕，该官民粮一硕六斗九升四合三勺，又塘粮三升五合七勺。其田塘豺狗坡连塘二口，塘下出冲左边挨山，一岸直下至坛前塘岸上连田十丘。又本冲正垅横过大路下连田四丘。又豺狗坡出冲右边水圳一条，连圳坝圳弦及各田弦荒土余地一并在内。又坛前豺狗坡口大塘一口，塘下挨塞口田一方丘，系本塘荫注。又雷公塘冲连塘二口，塘下坐身左边挨山脚田一小丘，圳坝背挨山一大长丘。又脚下一大湾丘，湾丘脚下挨水圳进水口田一直丘，连背上一横丘。又本冲出冲左边挨桐子坡口随水圳一岸直下连田十三丘，并圳岸上及各田边余土、余地扫捐。又边坝一座，又接边坝随水圳一岸直至下连田五丘，系雷公塘水车放荫注。又雷公塘正垅内垂监田脚下挨边圳弦眼精田起连至本冲横过水圳止，共田七丘。又接横过水圳下正垅内直至林瑞冲下首壕下分人字田止，共十六丘。系雷公塘、豺狗坡口大塘及坝圳车放荫注。又本冲出冲口挨杉树嘴横过大路上田一湾丘，连下一方丘。又湾丘田背上田二小丘。系双眼精塘荫注。又过圳挨圳弦田一小丘，丙塘荫注。又方丘脚下古坝一座。又豺狗坡口连塘二口，已名下七股之五。豺狗坡大塘一口，老屋后塘一口，雷公塘连塘二口，均七股之二。又桐子坡荒塘一口，一并扫捐。一山岭雷公塘冲自中塘塘基起直上骑峰，绕至边坝上挨垂监庄屋门首直上大路为界，俱上至骑峰，下至田塘为界。一豺狗坡山岭对尾上下塘塘基下坐身左边第二坡逢坡心起直上骑峰，绕至挨刘人西瓜坡挖断为界，俱上至骑峰，下至田塘为界。豺狗坡中嘴坟二冢，只有挂扫，不得进葬。此业概归书院束脩独管。老契未发。

　　契买谢丹臣南乡地，名林瑞冲庄业。契载田种二硕，该官民粮一硕一斗三升。该处庄屋一栋，门首粪窖、围墙、空坪、余地、屋后蔬土大小竹木在内。其田后背坡大小连田七丘，牛形嘴下田一丘，脚下田一大丘，系后背坡塘荫注。又豺狗坡横过大路上连田六丘，系豺狗坡塘车放荫注。大塘角株树下田一丘，垱头一小丘，连下一瓜壶丘。脚下一大湾丘，连脚下二横丘湾丘，垱头连一直丘，系大塘车放荫注。其山岭自后背塘尾起绕至挨古路挖坑为界，上至骑峰，下至塘尾坡心。又坡心荒塘一口。又牛形嘴下荒坪一所。林瑞冲嘴背挨山连上并大古丘连田大小八丘，西瓜坡口上并尾上大小连田三丘，系雷公塘二口车放。草塘下连田三大方丘，虎形脚下又一方丘。又草塘田一丘，垱头一小丘，背上一围丘，对门山下圳边一牛丫丘，系大塘车放。又下手山岭一截自挖断起直上骑峰倒水挖坑为界，上至大路，下至田塍为界，山内古坟一冢、童坟三冢，只有挂扫，不得进葬。其豺狗坡田系豺狗坡锄修，雷公塘田系雷公塘山脚锄修。下手坽内田系豺狗坡锄修。此业概归书院膏火独管。

兹将二契清丈，共绘一图，注明于下。

以上二契田业契文原载束脩承买，后凭众妥议，将捐业归束脩，买业归膏火。

摘录刘钟骥等坟界字

缘渌江书院所管地，名南乡官村林瑞冲户下手山内，契载古坟一冢、童坟三冢，只有挂扫，不得进葬。今查，予谱载葬祖坟，嗣后随坟上下左右各以一丈为界，只有挂扫，不得借坟进葬占山。光绪丙子二年十二月十八日，立字刘钟骥，刘顺臣笔。

摘录刘楚荣全坟字

刘楚荣妻易氏，光绪元年冬身故，葬书院所管地名官村林瑞冲下手山内，今冬登山查明，经兴贤堂商处，众念葬经日久，不忍起扦，特全永葬，并上下左右随坟各全一丈五尺为界，界外不得越占。

一号径：十四弓二分，三广扣：四弓七分，种：二升七合八勺零八撮。

二号径：十六弓五分，三广扣：二弓六分，种：一升七合八勺七抄五撮。

三号径：十三弓二分，三广扣：八弓，种：四升四合。

四号径：十七弓二分，三广扣：四弓七分，种：三升三合六勺八抄三撮。

五号径：十四弓，三广扣：六弓九分，种：四升零二合五勺。

六号径：十三弓二分，三广扣：六弓六分，种：三升六合三勺。

七号径：十五弓，四广扣：十三弓，种：八升一合二勺五抄。

八号径：十三弓四分，三广扣：九弓八分，种：五升四合一勺一抄七撮。

九号径：十二弓九分，三广扣：十一弓五分，种：六升一合八勺一抄二撮。

十号径：十一弓五分，四广扣：二弓七分，种：一升二合九勺三抄七撮。

十一号径：三十二弓五分，五广扣：一弓六分，种：二升一合六勺六抄六撮。

十二号径：三十六弓，四广扣：二弓一分，种：三升一合五勺。

十三号径：十八弓五分，四广扣：三弓五分，种：二升六合九勺七抄九撮。

十四号径：十二弓八分，三广扣：七弓六分，种：四升零五勺三抄三撮。

十五号径：十一弓二分，五广扣：三弓三分，种：一升五合四勺。

十六号径：十三弓三分，三广扣：十三弓五分，种：七升四合八勺一抄二撮。

十七号径：二十一弓一分，四广扣：八弓二分，种：七升二合零九抄二撮。

十八号径：二十六弓，四广扣：四弓五分，小径：四弓六分，二广扣：二弓九分，共种：五升四合三勺零八撮。

十九号径：三十一弓，四广扣：三弓九分，种：五升零三勺七抄五撮。

二十号径：三弓，一广：一弓，种：一合二勺五抄。

二十一号径：十一弓，二广扣：七弓八分，种：三升五合七勺五抄。

二十二号径：九弓五分，三广扣：七弓六分，种：三升零八抄三撮。

二十三号径：十一弓九分，二广扣：五弓，种：二升四合七勺九抄二撮。

二十四号径：六弓一分，二广扣：五弓三分，种：一升三合四勺七抄一撮。

二十五号径：九弓五分，三广扣：五弓五分，种：二升一合七勺七抄一撮。

二十六号径：十弓，三广扣：四弓七分，种：一升九合五勺八抄三撮。

二十七号径：十二弓四分，三广扣：三弓一分，种：一升六合零一抄七撮。

二十八号径：十九弓四分，四广扣：十一弓三分，小径：十五弓八分，三广扣：九弓八分，共种：一斗五升五合八勺五抄八撮。

二十九号径：十六弓四分，四广扣：八弓六分，小径：三弓五分，一广：二弓，共种：六升一合六勺八抄三撮。

三十号径：六弓二分，二广扣：五弓七分，种：一升四合七勺二抄五撮。

三十一号径：九弓，三广扣：九弓六分，种：三升六合。

三十二号径：二十九弓五分，五广扣：六弓三分，小径：二十一弓五分，六广扣：三弓八分，共种：一斗一升一合四勺七抄九撮。

三十三号径：十六号，七广扣：四弓，小径：三弓六分，二广扣：二号六分，共种：三升零五勺六抄六撮。

三十四号径：十八号四分，四广扣：六弓八分，种：五升二合一勺三抄三撮。

三十五号径：十八号五分，三广扣：六弓一分，种：四升七合零二抄一撮。

三十六号径：二十七号，五广扣：四弓一分，种：四升七合一勺二抄五撮。

三十七号径：十九号五分，三广扣：九弓五分，小径：十九弓五分，四广扣：六弓，小径：四号，二广扣：一弓六分，种：一斗二升八合六勺零四撮。

三十八号径：二十七号二分，七广扣：五弓三分，种：六升零零六抄六撮。

三十九号径：十六弓一分，四广扣：七号二分，小径：六号六分，二广扣：三弓一分，共种：五升六合八勺二抄五撮。

四十号径：十九弓二分，五广扣：六号，种：四升八合。

四十一号径：十三弓五分，三广扣：五弓四分，小径：十九弓四分，四广扣：三号，共种：五升四合六勺二抄五撮。

四十二号径：十六弓三分，三广扣：三弓三分，种：二升二合四勺一抄二撮。

四十三号径：五弓八分，二广扣：八分，种：一合九勺三抄三撮。

四十四号径：四弓二分，二广扣：八分，种：一合四勺。

四十五号径：二十三弓七分，五广扣：三弓七分，种：三升六合五勺三抄七撮。

四十六号径：五弓二分，二广扣：八分，种：一合七勺三抄三撮。

四十七号径：十六号，五广扣：二弓五分，种：一升六合六勺六抄六撮。

四十八号径：三十二号，六广扣：四弓八分，种：六升四合。

四十九号径：十七弓，四广扣：三弓，种：二升一合二勺五抄。

五十号径：七弓，二广扣：一弓九分，种：五合五勺四抄二撮。

五十一号径：二十弓，四广扣：九弓，种：七升五合。

五十二号径：十一弓八分，二广扣：七号一分，种：三升四合九勺零八撮。

五十三号径：十弓八分，三广扣：一弓六分，种：七合二勺。

五十四号径：二十五弓，五广扣：三弓四分，小径：十三弓，二广扣：二弓五分，小又径：十一弓四分，二广扣：六弓四分，共计种：七升九合三勺五抄八撮。

五十五号径：三十七弓，六广扣：五弓三分，小径：八弓四分，二广扣：六弓三分，共种：一斗零三合七勺五抄八撮。

五十六号径：二十六弓一分，五广扣：三弓七分，种：四升零二勺三抄八撮。

五十七号径：二十一弓六分，五广扣：四弓七分，种：四升二合三勺。

五十八号径：二十二弓，四广扣：三弓三分，种：三升零二勺五抄。

五十九号径：十八弓七分，四广扣：三弓九分，种：三升零三勺八抄七撮。

六十号径：十弓，二广扣：二弓三分，种：九合五勺八抄三撮。

六十一号径：二十八弓，六广扣：二弓九分，种：三升三合八勺三抄三撮。

六十二号径：十八弓五分，五广扣：二弓四分，种：一升八合五勺。

六十三号径：二十一弓六分，五广扣：三弓二分，种：二升八合八勺。

六十四号径：四十一弓四分，七广扣：六弓九分，种：一斗一升九合零二抄五撮。

六十五号径：十三弓一分，三广扣：三弓三分，种：一升八合零一抄二撮。

六十六号径：十三弓一分，二广扣：五弓三分，种：二升八合九勺二抄九撮。

六十七号径：十二弓，三广扣：二弓八分，种：一升四合。

六十八号径：七弓四分，三广扣：三弓一分，种：九合五勺五抄八撮。

六十九号径：十三弓二分，四广扣：二弓四分，种：一升三合二勺。

七十号径：十二弓，三广扣：二弓七分，种：一升三合五勺。

七十一号径：十九弓五分，四广扣：三弓五分，种：二升八合四勺三抄七撮。

七十二号径：十八弓五分，四广扣：三弓二分，种：二升四合六勺六抄六撮。

七十三号径：八弓三分，二广扣：二弓七分，种：九合三勺三抄八撮。

七十四号径：九弓，二广扣：四弓五分，种：一升六合八勺七抄五撮。

七十五号径：二十二弓六分，五广扣：五弓四分，种：五升零八勺五抄。

七十六号径：二十四弓五分，四广扣：六弓七分，小径：十六弓七分，四广扣：五弓二分，共种：一斗零四合五勺七抄九撮。

七十七号径：十一弓，三广扣：二弓八分，种：一升二合八勺三抄三撮。

七十八号径：二十二弓七分，三广扣：十弓零一分，种：九升五合五勺二抄九撮。

七十九号径：二十八弓，五广扣：四弓五分，种：五升二合五勺。

八十号径：十九弓八分，四广扣：十一弓四分，种：九升四合零五抄。

八十一号径：十三弓，四广扣：一弓八分，种：九合七勺五抄。

八十二号径：二十五弓六分，四广扣：十三弓三分，小径：二弓，二广扣：一弓九分，共种：一斗四升三合四勺五抄。

八十三号径：十八弓三分，三广扣：九弓一分，种：六升九合三勺八抄七撮。

八十四号径：十四弓四分，三广扣：十三弓一分，种：七升八合六勺。

八十五号径：十一弓三分，三广扣：八弓五分，种：四升零零二抄一撮。

八十六号径：十三弓八分，三广扣：三弓九分，小径：十五弓，四广扣：一弓四分，共种：三升一合一勺七抄五撮。

八十七号径：二十一弓二分，五广扣：三弓二分，小径：十一弓四分，三广扣：二弓九分，共种：四升二合零四抄一撮。

八十八号径：十七弓七分，三广扣：二弓，种：一升四合七勺五抄。

八十九号径：二十七弓，七广扣：六弓七分，种：七升五合三勺七抄五撮。

九十号径：二十七弓，六广扣：三弓，种：三升三合七勺五抄。

九十一号径：十弓，二广扣：八弓三分，种：三升四合五勺八抄三撮。

九十二号径：十三弓，三广扣：二弓九分，种：一升五合七勺零八撮。

九十三号径：二十弓，五广扣：八弓八分，种：七升三合三勺三抄三撮。

九十四号径：二十三弓九分，四广扣：十三弓五分，种：一斗三升四合四勺三抄七撮。

九十五号径：二十三弓，四广扣：十六弓二分，小径：五弓，一广：二弓八分，共种：一斗六升一合零八抄三撮。

九十六号径：十五弓，三广扣：三弓一分，种：一升九合三勺七抄五撮。

九十七号径：十七弓五分，二广扣：十五弓五分，种：一斗一升三合零二抄一撮。

九十八号径：二十三弓八分，四广扣：七弓四分，小径：八弓二分，二广扣：七弓一分，共种：九升七合六勺四抄二撮。

九十九号径：十四弓七分，三广扣：九弓九分，种：六升零六勺三抄七撮。

一百号径：十七弓八分，二广扣：十五弓二分，种：一斗一升二合七勺三抄三撮。

一百〇一号径：八弓九分，二广扣：二弓九分，种：一升零七勺五抄四撮。

一百〇二号径：十七弓，四广扣：二弓六分，种：一升八合四勺一抄七撮。

一百〇三号径：九弓，二广扣：二弓一分，种：七合八勺七抄五撮。

右共田一百零三丘，共积种四硕六斗七升五合零九抄，较契载亏种三斗二升四合零九抄一撮。

卷　五

田宅志

束脩田册

　　彭熙明捐南乡蛇湖境地，名南山嘴垅内庄业。契载田种六硕二斗一升一合，该官民粮三硕五斗零八合六勺五抄。其屋南山嘴坐势左边冲口庄屋一栋，间数不计，屋内桁条、楼枕、门页、板扇、窗限各项俱全。门首砂坪一只，粪窖一只，左边蔬园一只，四面围墙为界。园下门首左边塘一口，右边塘一口，又右边山脚下三角塘一口，以上塘三口独管独荫。其田，门首秧田一丘，连方丘田一丘，方丘垱一小丘，大塘一口、垱塘一口，均独管独荫。垱塘背上连田五小丘，荒坪一大块，连蔬园一只，本冲尾文止塘一口，独管独荫。塘下连田三大丘，又连一小长丘。又大塘背上连田二丘（今通作一丘）。又大塘垱上牛栀丘田一丘，连脚下田一小丘。又牛栀丘圳背大路上进水丘田一丘，进水丘下大湾丘田一丘（以上二丘通作一丘）。又连下湾长丘田一丘，湾长丘垱头又一方丘，湾长丘下深水丘田一丘，深水丘下一大丘，大丘垱头一长丘，大丘下一方丘。又南山嘴背垅内进水凤尾长丘田一丘，本田背上二斗方丘田一丘，方丘下斗二升丘田一丘，斗二升丘下又一长丘（今间作二丘），本田垱头田一方丘，方丘下尖丘田一丘。又斗二升丘垱头搭连丘连田二丘，今通作一丘。又搭连丘背上田一小方丘。又南山嘴垅内田一小方丘，又鸭嘴丘田一丘，鸭舌塘一口，车放荫注。又牛栀丘圳背进水丘背上隔圳丫义丘田一丘，又丫义丘脚下田一丘，又本田脚下横丘田一丘，又横丘脚下田一长丘，又乌龟塘垱头连田三丘，乌龟塘一口，底面车放荫注。蛇湖塘一口，塘底九股管四，塘内井一口，独管。又蛇湖塘上耳垛塘一口，九股管四。又蛇湖塘脚下挨宋宅上首田一丘，又宋人门首斗六升丘田一丘，其山岭庄屋后从屋基起，直上骑峰绕围，俱以壕外壕坑为界，下至水圳、至田、至塘止。又屋上首围壕外山岭一大所，上至朱人、宋人、廖人壕基，随壕基直至文止塘为界。又文止塘上山岭一所，随塘管理，上至古壕为界。又宋人住屋上首山一所，其界自耳垛塘起，随古壕直上至贺人山古壕，又随贺人古壕横过至宋人山岭壕基直下齐田水止。又蛇湖塘尾山岭以大路直下至文止塘山岭，随绕至宋人山壕、江人山壕，直至宋人门首斗六升丘田边为界。以上二处山岭均系九股之四。内存何人外祖夫妇坟茔二冢，上下左右各一丈，只有挂扫，不得进葬。其余山岭俱任锄修。荫注系小河陂、蛇湖塘、耳垛塘、乌龟塘、鸭舌塘及大塘、垱塘、文止塘、三角塘。门首二塘车放，其小河陂水随圳通流，照依古额车放灌荫。该处之业已载、未载概归书院束脩管理。

兹清丈绘图，注明于下。

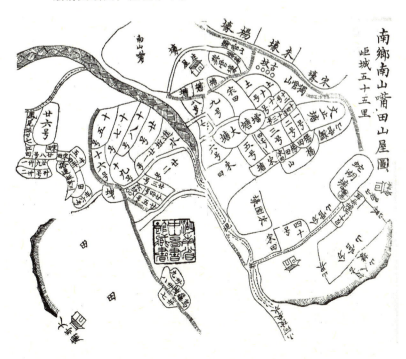

契载小河陂荫注原系小圳通流至蛇湖塘冲口，分为左右二圳，左圳荫束脩田及江人田，右圳荫众姓田，二圳平流分荫。近因众姓将右圳淘深，而左圳所荫之田地势甚高，其圳不能淘洗，遂致水流趋右，左圳之荫几绝。兹集合邑公议于二圳分水之处，右边平底窖立石条，以便水来平受。

一号径：十五弓三分，二广扣：七号三分，种：四升六合五勺三抄七撮。

二号径：十六弓八分，三广扣：九号，种：六升三合。

三号径：二十二弓二分，三广扣：十五弓七分，种：一斗四升五合二勺二抄五撮。

四号径：十六弓一分，三广扣：一弓六分，种：一升零七勺三抄三撮。

五号径：二十二弓四分，三广扣：十弓零六分，种：九升八合九勺三抄三撮。

六号径：二十七弓四分，四广扣：九弓九分；小径：十五弓四分，小一广：十二弓二分，共种：一斗九升一合三勺一抄。

七号径：十弓零六分，二广扣：二弓九分，种：一升二合八勺零八撮。

八号径：三十六弓二分，五广扣：四弓七分，种：七升零八勺九抄一撮。

九号径：四十一弓二分，二广扣：二十一弓六分，种：三斗八升七合四勺六抄六撮。

十号径：十一弓二分，二广扣：五弓九分，种：二升七合五勺三抄三撮。

十一号径：十一弓六分，一广：八弓二分，种：三升九合六勺三抄三撮。

十二号径：七弓，二广扣：二弓一分，种：六合一勺二抄五撮。

十三号径：八弓二分，二广扣：三弓三分，种：一升一合二勺七抄五撮。

十四号径：三弓二分，一广：一弓三分，种：一合七勺三抄三撮。

十五号径：三十五弓，二广扣：十八弓六分，种：二斗七升一合二勺五抄。

十六号径：四十八弓二分，六广扣：八弓四分，种：一斗六升八合七勺。

十七号径：四十二弓，五广扣：二十弓零一分，种：三斗五升一合七勺五抄。

十八号径：四十二弓二分，六广扣：十四弓七分，种：二斗五升八合四勺七抄五撮。

十九号径：十九弓八分，三广扣：二十二弓四分，种：一斗八升四合八勺。

二十号径：四十六弓，六广扣：十二弓七分，种：二斗四升三合四勺一抄七撮。

二十一号径：六十二弓五分，十广扣：十五弓八分，种：四斗一升一合四勺五抄八撮。

二十二号径：四十八弓三分，七广扣：十二弓，种：二斗四升一合五勺。

二十三号径：二十七弓，三广扣：十六弓一分，种：一斗八升一合一勺二抄五撮。

二十四号径：二十七弓，三广扣：五弓五分，种：六升一合八勺七抄五撮。

二十五号径：三十一弓二分，四广扣：六弓一分，种：七升九合三勺。

二十六号径：三十四弓八分，四广扣：十三弓八分，种：二斗零零一勺。

二十七号径：三十二弓五分，五广扣：六弓二分，种：八升三合九勺五抄八撮。

二十八号径：十七弓，三广扣：十一弓；小径：十一弓四分，二广扣：二弓七分，共种：九升零七勺四抄二撮。

二十九号径：二十五弓八分，五广扣：八弓六分，种：九升二合四勺五抄。

三十号径：三十二弓三分，五广扣：六号，种：八升零七勺五抄。

三十一号径：十五弓三分，三广扣：六号四分，种：四升零八勺。

三十二号径：二十一弓三分，三广扣：四号六分，种：四升零八勺二抄五撮。

三十三号径：二十二弓，三广扣：六弓九分；小径：二十四弓，三广扣：六弓五分，共种：一斗二升八合二勺五抄。

三十四径：十一弓四分，二广扣：六弓六分，种：三升一合三勺五抄。

三十五号径：十三弓，二广扣：十弓零四分，种：五升六合三勺三抄三撮。

三十六号径：三十五弓，六广扣：六弓七分，种：九升七合七勺零八撮。

三十七号径：二十九弓二分，四广扣：五弓八分，种：七升零五勺六抄六撮。

三十八号径：二十二弓二分，三广扣：十六弓二分；小径：八弓，二广扣：二弓五分，共种：一斗五升八合一勺八抄三撮。

三十九号径：十五弓，二广扣：五弓七分，种：三升五合六勺二抄五撮。

四十号径：二十五弓，三广扣：十一弓一分，种：一升一合五勺六抄二撮。

四十一号径：十四弓五分，三广扣：十一弓一分，种：六升七合零六抄二撮。

右共田四十一丘，共积种四硕八斗五升三合一勺一抄六撮，较契载亏种一硕三斗五升七合八勺八抄四撮。

邑侯崔斌捐买周赞元兄弟西乡地，名梅小境范家洲庄业。契载田种二硕零八升，该官民田塘粮一硕一斗七升五合二勺。庄屋一栋，原系横屋一直五间，上下过亭二间，余屋大小间数不计，上至椽皮、瓦盖、桁条、楼枕，中连穿房、照面、鼓皮、槛窗，下至基地、砖脚。又屋后角蔬园一只，周围齐高岸为界，前后左右基地、余坪、粪窖、关内股分不留。王人大厅堂屋现已拆毁，只存基地。日后，王人起造，遇有喜庆出入，不得阻论。荫注河坝一座，筒车一架，天槽、水枧、筒摺、水圳各项俱全，已名下十向之六，只存二向未卖。又甘塘一口、汤家塘一口，与王人共管，并随塘彻底车放。又汤家塘出水右边茶园山岭一片，上下左右均挖沟为界，任其蓄禁修锄。其田汤家塘下第二丘田一丘，坐身右边大王庙巷子口田一丘，连上小丘田一丘，连下上横丘田一丘，连垱一小丘。庄屋门首中横丘田一丘，连垱一小丘。甘塘下王人田脚下第三丘田一丘，出水右边直丘田一丘。汤家塘下出水左边大路上高丘田一丘，庄屋门上首串山长丘田一丘，门首岸下田一丘，连下田一丘，连开边田一丘。大王庙后弄子小丘田一丘，筒车边上首开边田一丘，连进第二丘田一丘，第三丘田一丘，第四丘田一丘，弄子口筒车圳下田一丘，筒车边下首湾丘田一丘，连开边一小丘，又连一长丘，方丘脚下田一丘，河岸下田一丘，连沙丘田一丘，筒车圳下挨巷子口下连一小丘，第二丘田一丘，第三丘田一丘。又筒车圳下挨巷子口田一丘，共计田三十二丘，惟甘塘下周人田一丘，系甘塘、汤家塘分荫。老契未发，此业概捐书院束脩管理。

　　兹清丈绘图，注明于下。

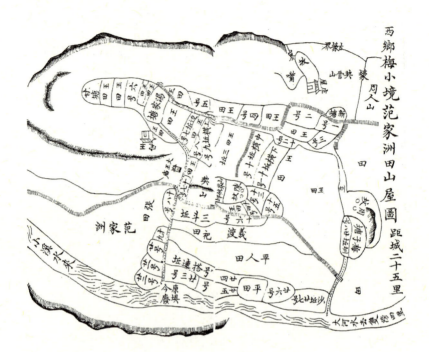

一号径：十五弓七分，四广扣：六弓三分，种：四升一合二勺一抄三撮。

二号径：十一弓，三广扣：六弓六分，种：三升零二勺五抄。

三号径：十六弓，四广扣：五弓八分，种：三升八合六勺六抄六撮。

四号二径：二十弓零七分，四广扣：九弓二分，种：七升九合三勺五抄。

五号径：十七弓八分，三广扣：十一弓；小径：六弓七分，二广扣：六弓六分，共种：一斗零零零零八撮。

六号三径：三十弓零六分，五广扣：十六弓六分；小三径：十七弓五分，十广扣：五弓七分，共种：二斗九升零九勺七抄七撮。

七号径：三十弓零三分，五广扣：二弓九分，种：三升六合六勺一抄二撮。

八号径：十九弓三分，五广扣：三弓九分；小三径：九弓四分，一广：八弓，共种：六升二合六勺九抄五撮。

九号径：二十八弓四分，六广扣：八弓七分，种：一斗零二合九勺五抄。

十号二径：二十六弓三分，五广扣：十弓零六分，种：一斗一升六合一勺五抄九撮。

十一号二径：二十七弓七分，六广扣：十弓零二分，种：一斗一升七合七勺一抄七撮。

十二号径：十四弓，五广扣：五弓九分，种：三升四合四勺一抄七撮。

十三号径：十二弓三分，四广扣：六弓二分，种：三升一合七勺七抄五撮。

十四号径：十弓九分，四广扣：四弓五分，种：二升零四勺三抄七撮。

十五号径：十七弓六分，三广扣：七弓七分，种：五升六合四勺六抄六撮。

十六号径：四十八弓，六广扣：八弓九分；小径：十四弓九分，三广扣：五弓三分，共种：二斗一升零九勺抄零四撮。

十七号径：十弓，三广扣：一弓七分，种：七合一勺。

十八号径：十九弓七分，六广扣：五弓，种：四升一合零四抄一撮。

十九号径：八弓六分，二广扣：六弓六分，种：二升三合六勺五抄。

二十号径：八弓三分，二广扣：六弓八分，种：二升三合五勺一抄七撮。

二十一号径：九弓九分，三广扣：六弓五分；小径：三弓四分，二广扣：二弓，共种：二升九合六勺四抄五撮。

二十二号径：九弓，三广扣：四弓三分，种：一升六合一勺二抄五撮。

二十三号径：十一弓三分，三广扣：二弓八分，种：一升三合一勺八抄三撮。

二十四号径：四十弓零九分，六广扣：七弓一分；小径：十三弓六分，四广扣：七弓六分，共种：一斗六升四合零六抄三撮。

二十五号径：二十六弓五分，五广扣：四弓三分，种：四升七合四勺七抄九撮。

二十六号径：十三弓六分，三广扣：六弓二分；小径：五弓五分，二广扣：五弓六分，共种：四升七合九勺六抄六撮。

二十七号径：二十四弓九分，三广扣：十七弓七分；小径：十弓，三广扣：五弓九分，共种：二斗零八合二勺二抄。

二十八号径：十四弓六分，三广扣：六弓一分，种：三升七合一勺零九撮。

右共田二十八丘，共积种二硕零零二合九勺六抄九撮，较契载亏种五升零三勺零六撮。

膏火田册

契买卢怀庆同侄三江、宗林和林西福东乡地，名荆潭曾家冲庄业。契载田种一硕四斗，该官民粮八斗正。其屋曾家冲茅屋一栋，四缝三间，东边厕屋一间，俱上至桁条、楼栿、茅盖、杉槁，下至限窗、门枋、地脚、包边门页，三砂粪池、晒坪余地在内。其田一处屋门首长塘下第五丘起连田十丘，并挨山荒田一丘在内，荫注系长塘塘底六股管一。一处锅底塘下出水左边第五丘下小田一丘，一处垅内井丘上湾丘连田二丘，荫注系大茅塘塘底十二股管一。一处中垅右山下梭丘田一丘，又中垅中段挨李人庄屋门首连田二丘，又挨圳一小丘，荫注系大茅塘车放。又中陇船形丘起连田七丘，内挨右边高岸下小田二丘，大茅塘荫注。一处澁塘、冲塘上第五丘起连田六丘，本冲尾塘泉水荫注。其山屋后山与屋对门山均随田管，中垅右边山与中垅中段山，及澁塘尾出水右边山亦各随田管。以上各山俱上至

骑峰、下至山脚，大小正杂树竹、柴薪在内。此业已载、未载
毫无存留，概归书院膏火管理。

　　兹清丈绘图，注明于下。

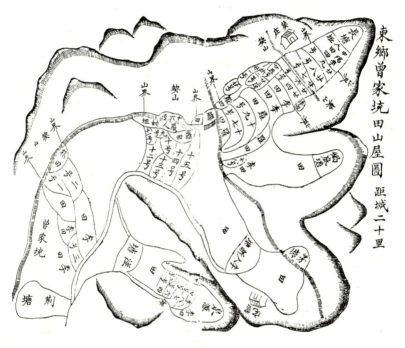

　　其庄屋右边卢人坟茔二冢，只有挂扫，不得进葬。此业原
系膏火接买，因契误载有束脩字样，凭公妥议，仍将该业归与
膏火独管。

　　一号径：十四弓，五广扣：三弓九分，种：二升二合七勺
五抄。

　　二号径：二十五弓八分，五广扣：九弓，种：九升六合七
勺五抄。

　　三号径：五弓三分，三广扣：三弓九分，种：八合六勺一
抄二撮。

　　四号径：十九弓，三广扣：十弓零五分，种：八升三合一
勺二抄五撮。

　　五号径：五弓六分，三广扣：二弓三分，种：五升三合六

勺六抄六撮。

六号径：十四弓二分，三广扣：四弓四分，种：二升六合零三抄三撮。

七号径：十六弓，三广扣：三弓六分，种：二升四合。

八号径：十五弓二分，三广扣：四弓，种：二升五合三勺三抄三撮。

九号径：十六弓，二广扣：三弓七分，种：二升四合六勺六抄六撮。

十号径：二十一弓五分，六广扣：八弓七分，种：七升七合九勺三抄七撮。

十一号径：八弓，二广扣：五弓二分，种：一升七合三勺三抄三撮。

十二号径：二十八弓八分，六广扣：六弓三分，种：七升五合六勺。

十三号径：二十二弓一分，六广扣：五弓五分，种：五升零六勺四抄六撮。

十四号径：三十三弓六分，六广扣：五弓，种：七升。

十五号径：三十六弓，六广扣：五弓九分；小径：十二弓七分，二广扣：八弓七分，共种：一斗三升四合五勺三抄七撮。

十六号径：十七弓，四广扣：二弓，种：一升四合一勺六抄六撮。

十七号径：三十二弓二分，四广扣：五弓；小径：十八弓五分，三广扣：四弓，共种：九升七合九勺一抄六撮。

十八号径：十二弓四分，二广扣：四弓三分，种：二升二合二勺一抄六撮。

十九号径：三十四弓，四广扣：五弓一分，种：七升二合二勺五抄。

二十号径：十八弓，六广扣：三弓四分，种：二升五合五勺。

二十一号径：十二弓一分，四广扣：三弓，种：一升五合一勺二抄五撮。

二十二号径：十四弓，五广扣：一弓，种：五合八勺三抄三撮。

二十三号径：十七弓，四广扣：二弓七分，种：一升九合一勺二抄五撮。

二十四号径：十七弓二分，三广扣：五弓三分，种：三升七合九勺八抄三撮。

二十五号径：七弓，三广扣：三弓四分，种：九合九勺一抄七撮。

二十六号径：二十弓零六分，五广扣：五弓七分，种：四升八合九勺二抄五撮。

二十七号径：二十弓零四分，四广扣：二弓五分，种：二升一合二勺五抄。

二十八号径：十九弓一分，四广扣：十三弓九分，种：一斗一升零六勺二抄。

二十九号径：十五弓五分，三广扣：十五弓七分，种：一斗零一合四勺。

右田二十九丘，共积种一硕三斗九升三合二勺一抄四撮，较契载亏种六合七勺八抄六撮。

彭培孝捐东乡地，名柘塘坪庄业。契载田种一硕五斗，该官民粮八斗四升七合五勺。其丘塅界址，一处周家垅油草塘下右侧，经常田下江边坝口丘起，共田四丘，计种六斗，系油草塘、樟树塘及此田边进水坝荫。一处姚家塘下右侧景衡田下田一丘，计种二斗五升，系姚家塘荫注。一处石子塘下自茶盘丘起，并小丘连田四丘（今通作三丘），田内右角大路下泉井一只在内。又本田左边大路外田一丘，连下隔彭田一丘、下田一小丘，该处共种六斗五升，系石子塘车放荫注及本田右边大路外一路圳水荫注。以上各田归书院膏火管理。

兹清丈绘图，注明于下。

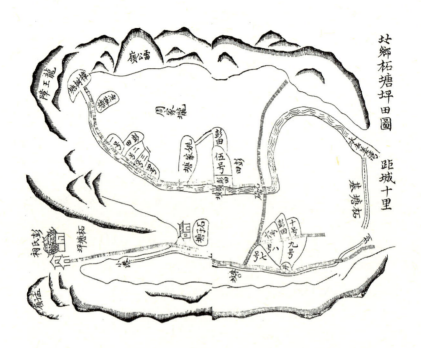

附录　彭南田圳捐荫注字

　　立加捐荫注字人彭南田偕侄璘亭，缘予叔培孝将祖遗柘塘坪田种一硕有零捐入渌江书院，以作肄业膏火，均系姚家塘彻底车荫。内惟二斗半丘离水源较远，每逢大旱难云有秋，而二斗半丘岸下有坝一座，名曰"上坝"，系予祀业独管独荫。今叔侄商议，倘逢大旱，该二斗半丘无水贯荫，自愿将上坝水以济急需，佃户不得借二斗半丘加捐荫注贯入他田。今欲有凭，立加捐荫注字为据。

　　一号径：十七弓九分，五广扣：十三弓三分，种：九升九合一勺九抄六撮。
　　二号径：二十一弓七分，五广扣：九弓三分，种：八升四合零八抄八撮。

三号径：二十一弓四分，四广扣：十一弓；小径：三弓，二广扣：二弓，共种：一斗零零五勺八抄三撮。

四号径：十四弓，四广扣：四弓九分，种：二升八合五勺八抄三撮。

五号径：二十二弓六分，二广扣：十五弓六分；小径：三弓，一广：一弓，共种：一斗四升八合一勺五抄。

六号径：二十四弓六分，五广扣：五弓五分；小径：五弓五分，三广扣：二弓六分，共种：六升二合三勺三抄三撮。

七号径：十八弓六分，五广扣：十三弓一分，种：一斗零一合五勺二抄五撮。

八号径：八弓，一广：六弓七分，种：二升二合三勺三抄三撮。

九号径：二十五弓八分，三广扣：八弓六分；小径：十九弓一分，三广扣：七弓四分，共种：一斗五升一合三勺四抄二撮。

十号径：十三弓，三广扣：四弓三分，种：二升三合二勺九抄二撮。

右共田十丘，共积种八斗二升一合四勺二抄五撮，较契载亏种六斗七升八合五勺七抄五撮。

邓雅光捐东乡地，名温泉石下垅内方丘田一截，契种六升。

温泉境清正祀张普康等捐本祀所买邓雅光地，名温泉石下垅内方丘田一截，契种六升。老契并发。

右二契所捐之业共田一丘，共种一斗二升，其界东至刘人田，西至大路圳外，南至刘邓二姓田，北至高岸下刘田。荫注系长竹塘二口，三砂坝尾塘照依老额车放灌荫，随田过水通流无阻。此业概归书院膏火管理。

兹清丈共绘一图，注明于下。

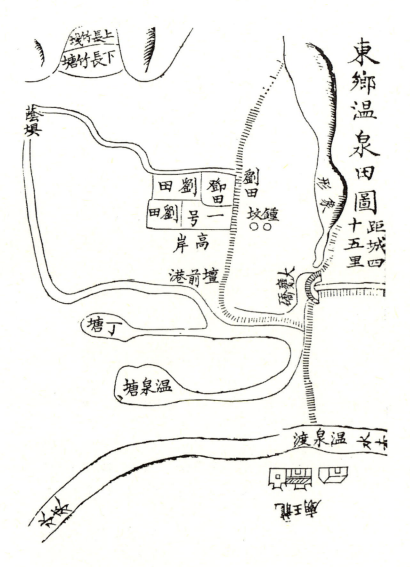

一号径：十六弓三分，二广扣：十六弓，种：一斗零八合六勺六抄六撮。

右共田一丘，计种一斗零八合六勺六抄六撮。较契载亏种一升一合三勺三抄四撮。

契买吴星台东乡五里牌石桥背垅内。田种一硕六斗，该官民粮九斗零四合正。荫注照古额，系潭湖坝水灌放，又系陈湖陂车荫。又原买钟越林潭湖坝九牌香水三根，十四排香水三根，轮流灌荫。其田原系十七丘，后已通改三丘，今共十四丘。此业概归书院膏火管理。老契并发。

兹清丈绘图，注明于下。

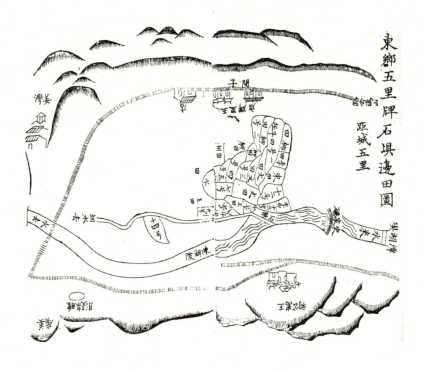

一号径：六十九弓七分，八广扣：九弓四分；小径：十一弓，三广扣：四弓四分，共种：二斗九升三合一勺五抄八撮。

二号径：四十弓零五分，六广扣：十弓零七分，种：一斗八升零五勺六抄二撮。

三号径：二十六弓二分，三广扣：十一弓七分，种：一斗二升七合七勺二抄五撮。

四号径：三十九弓二分，五广扣：九弓七分，种：一斗五升八合四勺三抄三撮。

五号径：二十二弓，三广扣：四弓九分，种：四升四合九勺一抄七撮。

六号径：十七弓九分，三广扣：十二弓二分；小径：八弓，三广扣：四弓三分，共种：一斗零五合三勺二抄五撮。

七号径：二十一弓八分，四广扣：八弓八分，种：七升九合九勺三抄三撮。

八号径：三十四弓二分，五广扣：八弓，种：一斗一升四合。

九号径：四弓，二广扣：一弓九分，种：三合一勺六抄六撮。

十号径：二十弓，四广扣：二弓，种：一升六合六勺六抄六撮。

十一号径：十三弓，四广扣：四弓八分，种：二升六合。

十二号径：二十一弓一分，四广扣：五弓二分，种：四升五合七勺一抄七撮。

十三号径：十七弓二分，四广扣：四弓七分，种：三升三合六勺八抄三撮。

十四号径：二十八弓五分，五广扣：十弓零八分，种：一斗二升八合二勺五抄。

右共田十四丘，共计种一硕三斗五升七合五勺三抄六撮，较契载亏种二斗四升二合四勺六抄四撮。

郑姓，捐东乡地，名普口市庄业。契载田种二斗正，该官民粮一斗一升三合正。其屋天后宫左边大路外茅屋一栋，屋左废基一块，门首地坪一块，连前庄厂屋一间（今废成三砂坪），粪窖三只，鱼塘一口独管。塘背上连田三丘，前至塘水，左至围墙，后与右均齐大路为界。归书院膏火管理。

众姓，捐天后宫后拆毁社仓基地一块，今开成田。前至天后宫墙脚止，大路在内，左齐田，后与右均以围墙为界。归书院膏火管理。

兹清丈共绘一图，注明于下。

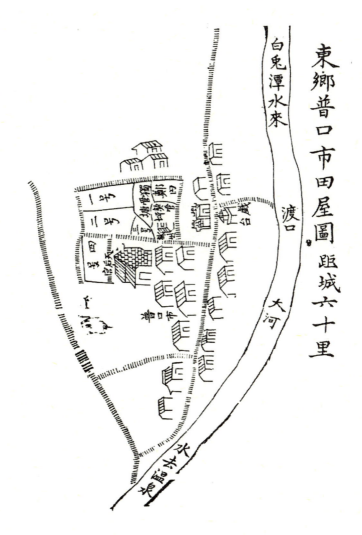

東鄉普口市田屋圖 距城六十里

白兔潭水來

渡口

大河

一号径：十六弓五分，三广扣：九号，种：六升一合八勺七抄五撮。

二号径：十八弓五分，四广扣：十四弓四分，种：一斗一升一合。

三号径：七号，三广扣：四弓三分，种：一升二合五勺四抄二撮。

四号径：十一弓二分，二广扣：九弓九分，种：四升六合二勺。

右田四丘，共积种二斗三升一合六勺一抄七撮，较契载多种三升一合六勺一抄七撮。

谭茂高、田学立、王连瑞、林裕崇等捐东乡沩山枫树坡河下出水右边上手茅盖碗厂一连二间，挨厂厦子一间，厕屋共用，手车六副全套，瓦盖窑一座，与恒顺共管。窑下手茅盖碗厂一连二间，手车八副全套，厦子一间，上下两处厂屋内外架木、搁板、深湖、洒窖、灰缸、墨缸俱全。厂对岸河背瓦盖店屋一栋，大小六间。内外门楣、门架、限窗、铺面、柜台、楼枕、楼板及什物器用各项俱全。店后车场水车二连，半俱全。又店后岸上垧灰屋一间，与恒顺共用。以上所载等业概归书院膏火管理。

兹清基界，总图于下。

批：契内该业原奉宪示，充作渌江书院膏火，后因书契载有岁修字样，今公同集议，应将该业归入渌江书院膏火管理，此批。

樊公祀内刘五福、曾芳楷、张善芳等捐东乡沩山接龙桥拆毁庙宇戏台基地一块。照石嘴坐论，后齐行人大路，前至僧田，量过裁尺十二丈六尺，左齐河水，右至僧田，横量十丈，今筑围墙为界。又中棚王德贵所租厂基地，逐收王人行租钱一千文。张德耀所租窑基地一块，该窑背窑基地一块，逐收行租钱七百文。以上所载等业概归书院膏火管理。

谢春榜、古泰桂、唐尚兴等捐东乡沩山中棚东岸接龙桥上漆树坪拆毁住屋基地一块。前至大路墈弦，后至谢朝安土墈脚，量过裁尺四丈一尺，左至出水沟，右至傅人屋基，横量四丈八尺，围墙在内。以上所载之业归书院膏火管理。

刘乾贵、罗达聪、李同昭、陈德康等捐东乡沩山竹山坪店屋一栋，瓦盖正屋一间，并厨房、柜房间作三间，茅盖正房一间，连茅盖厦屋一间门首过路茅亭一只，屋内铺柜、铺门、柜台门、限门、房门、桁条、楼枨、楼板、货架、神龛及一切安稳之物均在契内。又屋上首拆毁戏台基地一块，以河水论，上至张人、晏人出路，下齐契管厦屋墙垛，量过裁尺五丈，左齐河水，右齐墈脚，横量六丈一尺。又正屋后墈上余土一块，以河水论，直量二丈六尺，横量六尺。以上四契所载等业概归书院膏火管理。

　　兹清契界，总绘一图，注明于下。

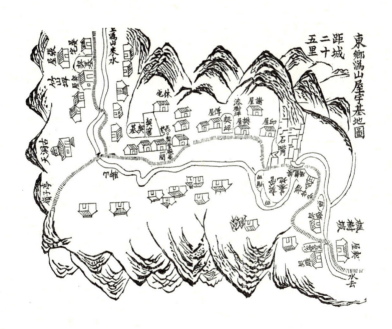

　　李玉元、端元、家言兄弟捐南乡夏家坊庄业。二契共种一十三硕二斗八升，该官民粮七硕五斗一升三合二勺正。田山屋宇界址契载均照刘人老契三纸。其屋一处中间屋场庄屋一栋，前后二进，均四缝三间，余屋二间。其基地余坪，前至田，后至岸，右至滴水沟心为界（今筑围墙），屋后余坪以右边本墙为界，左前截照横屋后檐滴水外沟墈界直出为界，左后截横出前界外以石墈上本墙为界。门右角粪窖一只，又长粪窖一只（今改二窖成塘），上首挨何人围墙下粪窖一只，下首园一只，周围以围壕墙脚外为界。园内田二丘、塘一口（今通改成田一丘），灰屋二栋（今废），菜土粪窖在内。一处横塘冲内右边庄屋一栋（今毁成田，庄屋改建废庄对岸山下）。一处王家屋场庄屋一栋（今毁成田，庄屋改建横塘冲口荷塘坝岸上）。其田一处袁家塘上两岸，并正冲横冲连田十七丘（今开垦田五丘，共田二十二丘），袁家塘一口，连上正冲尾塘一口，横冲尾塘二口，均独管独荫。又袁家塘下直出至圳上口丘止连田九丘。又荷塘背上连田七丘（今通作五丘），荷塘一口，六股管二。又斋公坡塘二口，塘下连田三丘（今开垦田二丘，共田五丘）。又文家塘冲尾左右连田八丘（后开垦田及契买刘人垦田共田九丘，通共田十七丘，刘人卖契附后）。文家塘一口，并上左右坡尾荒塘二口，均独管独荫。又文家塘下田，自塘基下起直出至荷塘，并包社前嘴转上至曾家冲口横过大路止，连田三十四丘（今通改共田三十一丘）。又潮坡塘冲内上下潮坡塘二口，独管独荫。下塘尾上连田四丘（通作三丘），塘下至围内连田十一丘（今开垦田一丘，共田十二丘）。又圳下围内挨王家屋场田七丘，船丘一丘，共田八丘（今废王家屋场庄屋粪窖成田二丘，共田十丘）。又荷塘基下连田五丘，又荷塘下圳背自湾丘起直下至金仙庙山脚下连二长丘止连田七丘（今通作五丘）。又何庄（即今荣宅）左手木子树下连田十丘（即今庄屋上首，通作六丘），塥上随田坪土树木以何人（今属荣人）松树山为界。以上各田系袁家塘、烟塘、樟树塘、寺背塘、文家塘、荷塘、上下潮坡塘荫注。一处横塘冲内横塘一口独管，塘上左右连田十七丘（今开垦田七丘，共田二十四丘），田上廖公塘一口，独管独荫。塘右边田一丘（今间作二丘）。又横塘基下左边连田四丘（今通作三丘），右边粪窖四只（原老庄屋门首今并庄屋粪窖成田，共田九丘）。又老庄屋下首山嘴下荷塘坝岸上围内连田八丘（今嘴下建造庄屋一栋，废田二丘以作砂坪粪窖，下现存田六丘）。又李家坡何人左右围壕下田，随大路上直至何人老屋右首连田五丘，又大路下自芦茅丘起直上荷塘坝，本契田围岸下止连田九丘（今通作五丘）。又上湾田自荷塘坝太路下田起，随圳绕出江边直下，共田十四丘，圳基江洲随田管理。又垅内桶丘（今更名车口丘）并上下丘及挨江边田连七丘（今通作五丘），又挂丘田一丘，挨挂丘背上连田三丘（今并挂通作一丘），又挂丘下挨凉箭滩连田三丘（今间作四丘），田边江洲随田管理（田边江洲已多开垦成田，所剩余洲亦应随田管理）。又大方丘三面丘、太洞井丘、垱下丘、杨柳丘、左右斜角丘连田七丘，又排丘连田四丘。以上各田系横塘、荷塘、荷塘坝、黄坝塘、上湾坝及随田各坝荫注。一处中间屋场门首田，自门首起直出至排丘，背上连田五丘（通作四丘）。又宋家长丘、船丘连田三丘，又台上大路上田一丘，路下连田二丘，又黄坝塘池口下方丘田一丘，又纱帽丘并上下连田五丘（今通作三丘，上至纱帽丘止）。又枫叶塘下蛇丘并上下连田三丘，又黄坝塘尾圳右连田四丘（今通作一长丘），圳左连田二丘（通作一丘），又振冲口路背上过垅丘连上共田二丘，路上第五丘方田一丘，第七丘湾田一丘。振冲尾荒熟塘三口，俱系契管一半，十八塘一口，契管四股之二。又藕塘冲内藕塘一口，契管一半，塘上大窖一只，契管一半（今改成田，院管右边一半）。藕塘基下连田二丘，左垱上土一片。以上各田系黄坝塘、枫叶塘、杨梅塘、十八塘、振冲塘三口及藕塘荫注。其山袁家塘冲两岸山岭坡土一大嶂，均随田塘管理，上至骑峰倒水为界。又斋公坡直出两岸山一嶂，随田塘坡土骑峰倒水为界。又斋公坡口左边刘屋下首本契田岸上山一所，上至骑峰，前至斋公坡口，后至何人壕基（即今刘人壕基）为界。又荷塘坝对岸金仙庙山岭一截，随山脚下本契田两长丘管理，上至骑峰倒水为界。又王家屋场老庄屋后（庄屋今废）山岭，自山嘴直上高峰，自高峰转包入左边潮坡塘冲尾随骑峰倒水转出至何庄（即今荣宅），后松山横截直下（照塘下第三丘田塍）挖沟为界。又自王家屋场山嘴直上高峰，自高峰转包入右边文家塘冲尾，随骑峰倒水转出至社前嘴东侧一岸，照曾家冲口横过大路直上山脊为界，上下界内仍属，全坡、全嘴随田管理。山内原刘芳台兄弟存留虎形中嘴一只，上至壕，下至塘，左右坡心为界。一处中间屋场庄屋后山一所，照屋基地直上骑峰倒水为界。又振冲尾契塘两岸山岭坡土一嶂，其界左右随塘直上骑峰倒水，契管一半。又藕塘冲内进身左边山一截，土一片，前至何人壕基为界，其余随塘窖直入坡心管理。一处横塘冲内山岭，自老庄屋（今废）右手，随田包至何庄（即今荣宅）左手，以本壕基直上山顶进至冲尾，仍随骑峰转出至庄屋（老庄今废）对门山嘴（今建庄屋一栋在此），以何人壕基直下至横塘基下田为界，基坪、熟土、蔬园、坡土、树山、柴薪在内。山内原刘芳台兄弟存留廖公塘尾牛形中嘴（至界照依兑约，兑约录后），其余各山古冢佃坟，只许挂扫，不得进葬。以上各业统归书院膏火管理。老契三纸并发。

兹清丈绘图，注明于左。

附录　兑约

编立合同兑约人：渌江书院余仕鼎、彭寅亮等与刘朝鼎、朝纲兄弟，原刘父手出售刘清瑞业，刘契载存留牛形、虎形二处中嘴俱以左右坡心为界，后刘于虎形左右坡开挖成田，不知界。外开边两岸原系书院契内独管之业，刘经开挖均未纳租，致书院鸣众向刘取租清退，刘只转请邹登皇、朱升平、廖元焕、夏协和等劝书院让减前租，后因书院挑筑廖公塘，恐浸刘人牛形两坡坟茔山脚，众谕刘将牛形平管。左右两坡挨坟两侧山脚及中嘴下山脚出兑与书院管理，书院将虎形两坡界外契内独管。刘人所开之田出水右边坡尾起随田直下至文家塘尾窖湾丘止。又将出水左边挨文家塘上方田一丘，直上中塘弦左边田一丘，又连上中塘尾大小田四丘俱兑与刘管理。除兑外，两岸山岭树木、荒熟田土归书院管理。自兑之后，二比永无异言，编立兑约二纸，各收一纸为据。

附录　刘人卖契

　　立杜卖开垦荒田契业人：刘斗初兄弟，今将祖遗南乡二十三都地，名夏家坊所存虎形山脚下开垦荒田及左右两坡心开垦荒田一并出售与渌江书院承买管理，荫注修锄照依古额，凭中得受契价钱十一千文。自卖之后再无翻悔异言。所有该处之业，除存留祖山山脚外毫无存留，任书院执契管理。

附录　芷泉境清正堂捐契

　　立捐田业人六都芷泉境清正堂经理首士易虚笙、李月轩、萧庚山、易继亭等合境商议，愿将本堂内接买易芝兰之业。坐落地名南乡二十三都夏家坊凉箭滩出水左边窨里田一方丘，其田以河水论。上至膏火田，下至高岸，左至膏火田，右至河心为界。洲土随田管理，其荫注系荷塘，照依古额车放。计田一丘，计种一斗三升，共该官民粮七升三合四勺五抄，出捐与渌江书院膏火管理。

　　自捐之后任书院董理人：于六都易济才。票内推收、完纳粮饷另安佃户，百为无阻，所捐是实。

　　同捐：王俊明、贺兰若、谭松青、文祥开、何年怡、文有山

附录　夏祖惠、夏在田等捐契

　　立捐田契人：夏祖惠、夏在田等，情因予祀所管夏家坊垅内上湾之田与邑渌江书院所管凉箭滩田业毗连，今书院修志，

临田绘图过丈于该处，桶丘田基下挨凉箭滩洲上田一丘，原系洲土，彼此争论。经众调处书捐。予等合房商议，将该业一丘丈过弓口，种七升五合，捐与渌江书院膏火管理，其粮照种科推，在二十三都夏廷翼票内推收。自捐之后任书院照捐经管，予各房人等再无异言。今欲有凭立捐契一纸，与书院收执为据。

　　同捐：春潭、正棋、正连，连云笔。

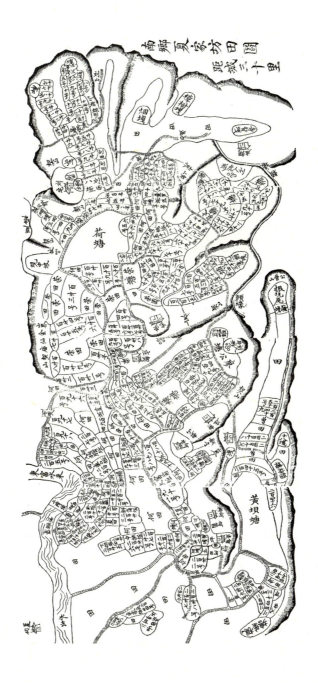

一号径：十一弓七分，二广扣：八弓三分；小径：四弓，二广扣：二弓二分，共种：四升四合一勺二抄九撮。

二号径：八弓三分，二广扣：九弓，种：三合一勺一抄三撮。

三号径：七弓二分，三广扣：十三弓，种：三升九合。

四号径：八弓二分，三广扣：一弓四分，种：四合七勺八抄三撮。

五号径：九弓，三广扣：一弓九分，种：七合一勺二抄五撮。

六号径：十八弓五分，五广扣：五弓九分；小径：九弓九分，小广：五弓八分，共种：六升九合四勺零四撮。

七号径：八弓五分，三广扣：一弓七分，种：六合零二抄一撮。

八号径：九弓二分，二广扣：三弓，种：一升一合五勺。

九号径：十九弓九分，四广扣：十五弓三分，种：一斗二升六合八勺六抄二撮。

十号径：十五弓，三广扣：二弓，种：一升二合五勺。

十一号径：七弓三分，三广扣：一弓七分，种：五合一勺七抄一撮。

十二号径：二十三弓三分，三广扣：三弓八分，种：三升六合八勺九抄二撮。

十三号径：三十四弓，十广扣：五弓七分，种：八升零七勺五抄。

十四号径：三十五弓四分，八广扣：二弓五分，种：三升六合八勺七抄五撮。

十五号径：九弓四分，三广扣：三弓九分，种：一升五合二勺七抄五撮。

十六号径：十一弓，二广扣：五弓一分，种：二升三合三勺七抄五撮。

十七号径：十四弓，四广扣：二弓四分，种：一升四合。

十八号径：九弓五分，三广扣：四弓八分，种：一升九合。

十九号径：九弓四分，三广扣：二弓五分，种：九合七勺九抄二撮。

二十号径：十弓，三广扣：三弓一分，种：一升二合九勺一抄七撮。

二十一号径：十一弓，三广扣：四弓，种：一升八合三勺三抄三撮。

二十二号径：十一弓五分，三广扣：七弓，种：三升三合五勺四抄二撮。

二十三号径：十二弓八分，四广扣：二弓五分，种：一升三合三勺三抄三撮。

二十四号径：二十弓零二分，四广扣：三弓六分，种：三升零三勺。

二十五号径：九弓二分，二广扣：七弓九分；小径：十二弓，三广扣：一弓一分，共种：三升五合七勺八抄四撮。

二十六号径：七弓，二广扣：二弓三分，种：六合七勺零九撮。

二十七号径：二十一弓一分，四广扣：六弓六分，种：五升八合零二抄五撮。

二十八号径：二十七弓，六广扣：六弓一分，种：六升八合六勺二抄五撮。

二十九号径：二十五弓七分，五广扣：九弓二分；小径：六弓九分，三广扣：二弓九分，共种：一斗零六合八勺五抄五撮。

三十号径：九弓七分，三广扣：二弓，种：八合零八抄四撮。

三十一号径：二十六弓三分，四广扣：七弓七分，种：八升四合三勺七抄九撮。

三十二号径：三十五弓九分，八广扣：九弓一分，种：一斗三升六合一勺二抄一撮。

三十三号径：二十一弓六分，四广扣：三弓七分，种：三升三合三勺。

三十四号径：二十五弓九分，四广扣：十九弓六分；小径：十八弓，四广扣：五弓八分，共种：二斗五升五合零一抄六撮。

三十五号径：三十四弓一分，七广扣：八弓一分；小径：二十二弓六分，五广扣：六弓，又小径：十三弓，三广扣：四弓七分，共种：一斗九升七合零八抄八撮。

三十六号径：十六弓，二广扣：十弓一分；小径：七弓七分，三广扣：一弓七分，共种：七升二合七勺八抄七撮。

三十七号径：四十一弓一分，七广扣：四弓二分；小径：十八弓，四广扣：三弓三分，共种：九升六合六勺七抄五撮。

三十八号径：十三弓一分，四广扣：九弓六分，种：五升二合四勺。

三十九号径：十五弓九分，三广扣：二弓三分，种：一升五合二勺三抄八撮。

四十号径：十弓，四广扣：三弓，种：一升二合五勺。

四十一号径：十四弓，二广扣：十二弓五分；小径：十一弓七分，四广扣：五弓二分，共种：九升八合二勺六抄七撮。

四十二号径：十三弓，三广扣：二弓二分，种：一升一合九勺一抄七撮。

四十三号径：十弓零七分，二广扣：八弓，种：三升五合六勺六抄六撮。

四十四号径：十弓零四分，三广扣：二弓七分，种：一升一合七勺。

四十五号径：七弓三分，二广扣：四弓四分，种：一升三合三勺八抄三撮。

四十六号径：十六弓七分，四广扣：九弓六分；小径：二弓八分，小广扣：二弓一分，共种：六升九合二勺五抄。

四十七号径：十二弓七分，四广扣：六弓一分，种：三升二合二勺七抄九撮。

四十八号径：二十二弓三分，六广扣：三弓六分，种：三升三合四勺五抄。

四十九号径：四弓四分，一广扣：四弓五分，种：八合二勺五抄。

　　五十号径：三十六弓四分，八广扣：七弓五分；小径：七弓，三广扣：三弓六分；小又径：十弓零五分，四广扣：二弓，共种：一斗三升三合。

　　五十一号径：二十二弓四分，五广扣：七弓五分，种：七升。

　　五十二号径：十一弓，五广扣：三弓三分，种：一升五合一勺二抄五撮。

　　五十三号径：二十弓零二分，四广扣：六弓九分，种：五升八合零七抄五撮。

　　五十四号径：十八弓七分，五广扣：八弓八分，种：六升八合五勺六抄六撮。

　　五十五号径：十六弓三分，四广扣：三弓八分，种：二升五合八勺零八撮。

　　五十六号径：二十弓零三分，五广扣：四弓四分；小径：五弓二广扣：二弓五分，共种：四升二合四勺二抄五撮。

　　五十七号径：十三弓一分，四广扣：五弓二分；小径：九弓五分，四广扣：一弓三分，共种：三升三合五勺二抄九撮。

　　五十八号径：三十九弓八分，十广扣：五弓三分，种：八升七合八勺九抄二撮。

　　五十九号径：十五弓六分，二广扣：十一弓二分；小径：五弓，二广扣：三弓四分，共种：七升九合八勺八抄三撮。

　　六十号径：五弓四分，一广：五弓二分，种：一升一合七勺。

　　六十一号径：六弓三分，二广扣：二弓六分，种：六合八勺二抄五撮。

　　六十二号径：四弓，二广扣：二弓四分，种：四合。

　　六十三号径：四十五弓六分，七广扣：十一弓五分，种：二斗一升八合五勺。

　　六十四号径：十弓零三分，三广扣：七弓六分，种：三升二合六勺一抄六撮。

六十五号径：十一弓八分，四广扣：二弓三分，种：一升一合三勺零八撮。

六十六号径：十八弓，四广扣：八号三分，种：六升二合二勺五抄。

六十七号径：二十弓零四分，五广扣：七弓，种：五升九合五勺。

六十八号径：九弓四分，三广扣：六弓五分，种：二升五合四勺五抄八撮。

六十九号径：十二弓，二广扣：五弓，种：二升五合。

七十号径：十六弓三分，四广扣：三弓七分，种：二升五合一勺二抄九撮。

七十一号径：二十一弓，五广扣：七弓五分，种：六升五合六勺二抄五撮。

七十二号径：十五弓三分，四广扣：四弓三分，种：二升七合四勺一抄二撮。

七十三号径：八弓五分，三广扣：二弓二分，种：七合七勺九抄二撮。

七十四号径：十九弓，七广扣：五弓八分，种：四升五合九勺一抄七撮。

七十五号径：十四弓五分，四广扣：二弓一分，种：一升二合六勺八抄八撮。

七十六号径：七弓二分，二广扣：五弓六分，种：一升六合八勺。

七十七号径：七弓七分，二广扣：六弓，种：一升九合二勺五抄。

七十八号径：十三弓六分，三广扣：四弓五分；小径：九弓二分，二广扣：四弓三分，共种：四升一合九勺八抄三撮。

七十九号径：十一弓二分，三广扣：五弓五分，种：二升五合六勺六抄六撮。

八十号径：十四弓一分，四广扣：四弓四分，种：二升五合八勺五抄。

八十一号径：九弓二分，三广扣：六弓，种：二升三合。

八十二号径：六弓，二广扣：三弓五分，种：八合七勺五抄。

八十三号径：十八弓，四广扣：四弓二分，种：三升一合五勺。

八十四号径：十三弓三分，四广扣：四弓三分，种：二升三合八勺二抄九撮。

八十五号径：十二弓三分，三广扣：六弓四分，种：三升二合八勺。

八十六号径：十二弓三分，二广扣：四弓四分，种：二升二合五勺五抄。

八十七号径：九弓一分，二广扣：八弓一分，种：三升零七勺一抄三撮。

八十八号径：十一弓，二广扣：一弓二分，种：五合五勺。

八十九号径：十七弓，三广扣：四弓九分，种：三升四合七勺零八撮。

九十号径：七弓八分，二广扣：四弓六分，种：一升四合九勺五抄。

九十一号径：十七弓二分，二广扣：八弓一分，种：五升八合零五抄。

九十二号径：七弓，二广扣：四弓七分，种：一升三合七勺零八撮。

九十三号径：十五弓二分，二广扣：四弓三分，种：二升七合二勺三抄三撮。

九十四号径：十五弓三分，四广扣：十二弓四分；小径：二十弓，四广扣：四弓九分，共种：一斗一升九合八勺八抄三撮。

九十五号径：二十五弓，五广扣：三弓，种：三升一合二勺五抄。

九十六号径：七弓八分，二广扣：四弓三分，种：一升三合九勺七抄五撮。

九十七号径：九弓六分，三广扣：六弓二分，种：二升四合八勺。

九十八号径：十一弓，四广扣：一弓八分，种：八合二勺五抄。

九十九号径：十弓零八分，三广扣：一弓九分，种：八合五勺五抄。

一百号径：八弓，二广扣：四弓八分，种：一升六合。

一百〇一号径：九弓二分，二广扣：八弓八分，种：三升三合七勺三抄三撮。

一百〇二号径：八弓，二广扣：五弓八分，种：一升九合三勺三抄三撮。

一百〇三号径：十一弓，三广扣：二弓九分，种：一升三合二勺九抄二撮。

一百〇四号径：十八弓，四广扣：二弓五分，种：一升八合七勺五抄。

一百〇五号径：十三弓二分，四广扣：七弓一分，种：三升九合零五抄。

一百〇六号径：十六弓二分，四广扣：四弓四分，种：二升九合七勺。

一百〇七号径：十一弓七分，二广扣：九弓四分；小径：十七弓四分，五广扣：二弓八分，共种：六升六合一勺二抄五撮。

一百〇八号径：十一弓，三广扣：十弓零八分，种：四升九合五勺。

一百〇九号径：十六弓三分，四广扣：六弓一分，种：四升一合四勺二抄九撮。

一百一十号径：十三弓九分，四广扣：四弓五分，种：二升六合零六抄二撮。

一百一十一号径：八弓，三广扣：五弓三分，种：一升七合六勺六抄六撮。

一百一十二号径：七弓，二广扣：三弓六分，种：一升零五勺。

一百一十三号径：十二弓一分，三广扣：九弓一分，种：四升五合八勺七抄九撮。

一百一十四号径：十一弓，三广扣：四弓七分，种：二升一合五勺四抄二撮。

一百一十五号径：十弓零五分，二广扣：六弓六分，种：二升八合八勺七抄五撮。

一百一十六号径：四弓六分，二广扣：三弓，种：五合七勺五抄。

一百一十七号径：十六弓九分，四广扣：四弓六分，种：三升二合三勺九抄二撮。

一百一十八号径：十二弓三分，一广：十一弓九分，种：六升零九勺八抄七撮。

一百一十九号径：十六弓七分，二广扣：十二弓四分，种：八升六合二勺八抄三撮。

一百二十号径：二十八弓八分，六广扣：五弓七分，种：六升八合四勺。

一百二十一号径：六弓五分，二广扣：三弓三分，种：八合九勺零三抄七撮。

一百二十二号径：二十一弓，四广扣：二弓四分，种：二升一合。

一百二十三号径：十五弓二分，三广扣：五弓三分；小径：六弓八分，二广扣：三弓五分；小又径：六弓，三广扣：二弓七分，共计种：五升零二勺三抄二撮。

一百二十四号径：二十五弓九分，五广扣：七弓三分，种：七升八合七勺七抄九撮。

一百二十五号径：三十一弓一分，六广扣：六弓六分；小径：十八弓二分，五广扣：三弓一分，共种：一斗零九合零三抄。

一百二十六号径：二十弓，四广扣：四弓五分，种：三升七合五勺。

一百二十七号径：二十七弓二分，五广扣：三弓五分，种：三升九合六勺六抄六撮。

一百二十八号径：三十一弓二分，六广扣：四弓二分，种：五升四合六勺。

一百二十九号径：三十弓零五分，五广扣：六弓六分，种：八升三合八勺七抄五撮。

一百三十号径：二十四弓七分，三广扣：十九弓四分，种：一斗九升九合六勺五抄九撮。

一百三十一号径：十五弓九分，四广扣：五弓五分；小径：七弓六分，二广扣：三弓五分；小又径：十八弓一分，三广扣：八弓九分，共种：一斗三升七合五勺五抄八撮。

一百三十二号径：二十一弓二分，五广扣：七弓五分，种：六升六合二勺五抄。

一百三十三号径：五弓八分，二广扣：三弓四分，种：八合二勺一抄七撮。

一百三十四号径：十八弓八分，三广扣：八弓三分，种：六升五合零一抄六撮。

一百三十五号径：七弓八分，二广扣：九弓七分，种：三升一合五勺二抄五撮。

一百三十六号径：十二弓二分，一广：六弓四分，种：三升二合五勺三抄三撮。

一百三十七号径：十二弓二分，二广扣：四弓一分，种：二升零八勺四抄二撮。

一百三十八号径：十四弓五分，三广扣：十二弓四分，种：七升四合九勺一抄七撮。

一百三十九号径：十一弓六分，二广扣：九弓九分，种：四升七合八勺五抄。

一百四十号径：七弓二分，二广扣：三弓八分，种：一升一合四勺。

一百四十一号径：二十五弓三分，六广扣：六弓五分，种：六升八合五勺二抄一撮。

　　一百四十二号径：十弓，二广扣：七弓一分，种：二升九合五勺八抄三撮。

　　一百四十三号径：七弓五分，一广：四弓五分，种：一升四合零六抄三撮。

　　一百四十四号径：七弓一分，一广：三弓一分，种：九合一勺七抄一撮。

　　一百四十五号径：六弓四分，二广扣：三弓二分，种：八合五勺三抄三撮。

　　一百四十六号径：十三弓，四广扣：一弓九分，种：一升零二勺九抄二撮。

　　一百四十七号径：十六弓，四广扣：二弓七分，种：一升八合。

　　一百四十八号径：四弓三分，一广：三弓，种：五合三勺七抄五撮。

　　一百四十九号径：十五弓三分，三广扣：五弓九分，种：三升七合六勺一抄二撮。

　　一百五十号径：十六弓二分，三广扣：三弓，种：二升零二勺五抄。

　　一百五十一号径：五弓三分，一广：四弓五分，种：九合九勺三抄八撮。

　　一百五十二号径：十八弓三分，三广扣：三弓三分，种：二升五合一勺六抄二撮。

　　一百五十三号径：八弓二分，二广扣：二弓二分，种：七合五勺一抄七撮。

　　一百五十四号径：六弓七分，二广扣：二弓四分，种：六合七勺。

　　一百五十五号径：十六弓六分，三广扣：二弓六分，种：一升七合九勺八抄三撮。

　　一百五十六号径：十七弓，五广扣：四弓八分，种：三升四合。

　　一百五十七号径：十四弓六分，六广扣：四弓三分，种：

二升六合一勺五抄八撮。

一百五十八号径：十二弓九分，三广扣：九弓八分，种：五升二合六勺七抄五撮。

一百五十九号径：十二弓一分，三广扣：三弓一分，种：一升五合六勺二抄九撮。

一百六十号径：十四弓九分，四广扣：四弓五分，种：二升七合九勺三抄七撮。

一百六十一号径：十二弓六分，三广扣：二弓二分，种：一升一合五勺五抄。

一百六十二号径：二十三弓，五广扣：四弓二分，种：四升零二勺五抄。

一百六十三号径：六弓六分，一广：四弓三分，种：一升一合八勺二抄五撮。

一百六十四号径：二十四弓，四广扣：六弓，种：六升。

一百六十五号径：十三弓三分，二广扣：五弓五分，种：三升零四勺七抄九撮。

一百六十六号径：八弓，二广扣：一弓六分，种：五合三勺三抄四撮。

一百六十七号径：十四弓三分，二广扣：三弓八分，种：二升二合六勺四抄二撮。

一百六十八号径：十三弓，四广扣：三弓四分，种：一升八合四勺一抄七撮。

一百六十九号径：十九弓四分，六广扣：二弓二分，种：一升七合七勺八抄三撮。

一百七十号径：二十弓，六广扣：四弓一分，种：三升四合一勺六抄六撮。

一百七十一号径：七弓一分，二广扣：四弓三分，种：一升二合七勺二抄一撮。

一百七十二号径：五弓，二广扣：二弓七分，种：五合六勺二抄五撮。

一百七十三号径：八弓五分，三广扣：二弓二分，种：七合七勺九抄一撮。

　　一百七十四号径：十四号，二广扣：八号，种：四升六合六勺六抄六撮。

　　一百七十五号径：十四号二分，三广扣：十号六分，种：六升二合七勺一抄七撮。

　　一百七十六号径：六号六分，二广扣：二号，种：五合五勺。

　　一百七十七号径：五号六分，二广扣：三号八分，种：八合八勺六抄七撮。

　　一百七十八号径：二十二号七分，五广扣：五号四分，种：五升一合零七抄五撮。

　　一百七十九号径：二十二号六分，五广扣：六号三分，种：五升九合三勺二抄五撮。

　　一百八十号径：十一号，三广扣：三号四分；小径：十号零三分，三广扣：三号六分，共种：三升一合零三抄三撮。

　　一百八十一号径：二十一号，五广扣：七号七分，种：六升七合三勺七抄五撮。

　　一百八十二号径：十九号，三广扣：四号一分，种：三升二合四勺五抄八撮。

　　一百八十三号径：十五号三分，四广扣：五号三分，种：三升三合七勺八抄七撮。

　　一百八十四号径：十二号，三广扣：三号一分，种：一升五合五勺。

　　一百八十五号径：三十八号，六广扣：七号一分；小径：四号，二广扣：一号七分，共种：一斗一升五合二勺五抄。

　　一百八十六号径：二十四号，六广扣：七号三分，种：七升三合。

　　一百八十七号径：三十六号九分，五广扣：十八号一分；小径：七号，二广扣：四号一分，共种：二斗九升零二勺四抄五撮。

　　一百八十八号径：二十九号四分，六广扣：八号七分，种：

一斗零六合五勺七抄五撮。

一百八十九号径：十六弓，三广扣：三弓六分，种：二升四合。

一百九十号径：三十一弓，四广扣：五弓四分，种：六升九合七勺五抄。

一百九十一号径：四十八弓五分，六广扣：七弓四分；小径：十三弓三分，五广扣：八弓五分，共种：一斗九升六合六勺四抄五撮。

一百九十二号径：六弓一分，二广扣：五弓三分，种：一升三合四勺七抄一撮。

一百九十三号径：二十九弓六分，六广扣：二十二弓七分，种：二斗七升九合九勺六抄七撮。

一百九十四号径：二十七弓三分，四广扣：十一弓九分；小径：四弓七分，二广扣：三弓二分，共种：一斗四升一合六勺二抄九撮。

一百九十五号径：七弓，二广扣：四弓二分，种：一升二合二勺五抄。

一百九十六号径：三十三弓，五广扣：十一弓，种：一斗五升一合一勺五抄。

一百九十七号径：三十七弓，五广扣：九弓五分；小径：三十弓，五广扣：五弓三分，共种：二斗一升二合七勺零八撮。

一百九十八号径：四十弓零七分，五广扣：十一弓；小径：三十二弓，六广扣：五弓六分，共种：二斗六升一合二勺零八撮。

一百九十九号径：四弓三分，一广：二弓，种：三合五勺八抄三撮。

二百号径：十四弓，三广扣：四弓三分，种：二升五合零八抄三撮。

二百〇一号径：二十弓，四广扣：三弓七分，种：三升零八勺三抄三撮。

二百〇二号径：二十四弓，五广扣：四弓八分，种：四升八合。

　　二百〇三号径：六弓三分，二广扣：七弓，种：一升八合三勺七抄五撮。

　　二百〇四号径：十三弓，三广扣：二弓三分，种：一升二合四勺五抄九撮。

　　二百〇五号径：三十二弓五分，五广扣：九弓三分，种：一斗二升五合九勺三抄七撮。

　　二百〇六号径：六弓三分，二广扣：六弓二分，种：一升六合二勺七抄五撮。

　　二百〇七号径：十二弓六分，二广扣：九弓九分，种：五升一合九勺七抄五撮。

　　二百〇八号径：二十三弓二分，四广扣：十九弓五分；小径：十五弓六分，一广：七弓三分，共种：二斗三升五合九勺五抄。

　　二百〇九号径：十九弓三分，五广扣：三弓六分，种：二升八合九勺五抄。

　　二百一十号径：二十二弓三分，六广扣：四弓五分，种：四升一合八勺一抄二撮。

　　二百一十一号径：十九弓四分，二广扣：十四弓五分，种：一斗一升七合二勺零八撮。

　　二百一十二号径：二十四弓七分，二广扣：十七弓；小径：八弓，三广扣：六弓二分；小又径：二十三弓八分，四广扣：十九弓一分，共计种：三斗八升五合零三抄二撮。

　　二百一十三号径：三十一弓四分，四广扣：十二弓六分，种：一斗六升四合八勺五抄。

　　二百一十四号径：十一弓，三广扣：二弓七分，种：一升二合三勺七抄五撮。

　　二百一十五号径：二十二弓，三广扣：十一弓四分，种：一斗零四合五勺。

　　二百一十六号径：七弓四分，一广：三弓九分，种：一升二合零二抄五撮。

二百一十七号径：十弓七分，二广扣：三弓四分，种：一升五合一勺五抄八撮。

二百一十八号径：十七弓七分，三广扣：十六弓，种：一斗一升八合。

二百一十九号径：二十三弓九分，三广扣：十三弓一分，种：一斗三升零四勺五抄四撮。

二百二十号径：十六弓，三广扣：八弓二分，种：五升四合六勺六抄六撮。

二百二十一号径：三十九弓七分，四广扣：十三弓二分，种：二斗一升八合三勺五抄。

二百二十二号径：二十一弓三分，二广扣：十九弓；小径：二十七弓，四广扣：十三弓八分，共种：三斗二升三合八勺七抄五撮。

二百二十三号径：三十八弓八分，五广扣：十二弓一分；小径：二十五弓三分，三广扣：十弓零一分，共种：三斗零二合零八抄八撮。

二百二十四号径：九弓二分，二广扣：五弓五分，种：二升一合零八抄三撮。

二百二十五号径：三十六弓六分，三广扣：十三弓七分；小径：三十弓零五分，三广扣：五弓八分，共种：二斗升八升二合六勺三抄三撮。

二百二十六号径：二十三弓三分，四广扣：十四弓八分，种：一斗四升三合六勺八抄三撮。

二百二十七号径：二十二弓一分，三广扣：十二弓九分，种：一斗一升八合七勺八抄七撮。

二百二十八号径：十六弓九分，四广扣：十五弓三分，种：一斗零七合七勺三抄七撮。

二百二十九号径：十七弓九分，三广扣：十弓零八分，种：八升零五勺五抄。

二百三十号径：二十三弓七分，五广扣：七弓四分，种：七升三合零七抄五撮。

二百三十一号径：十一弓四分，二广扣：九弓三分，种：四升四合二勺七抄五撮。

二百三十二号径：二十三弓八分，四广扣：六弓九分，种：六升八合四勺二抄五撮。

外园土：七号七分，一广：五弓五分，种：一升七合六勺四抄六撮。

二百三十三号径：十二弓六分，二广扣：六弓一分，种：三升二合零二抄五撮。

二百三十四号径：三十三弓三分，五广扣：九弓七分，种：一斗三升四合五勺八抄七撮。

二百三十五号径：三十七弓八分，七广扣：六弓九分；小径：十五弓一分，三广扣：五弓三分，共种：一斗四升二合零二抄。

二百三十六号径：十七弓，四广扣：四弓七分；小径：七弓，二广扣：二弓五分，共种：四升零五合八抄四撮。

二百三十七号径：十三弓八分，四广扣：八弓六分，种：四升九合四勺五抄。

二百三十八号径：二十五弓，四广扣：八弓三分，种：八升六合四勺五抄八撮。

二百三十九号径：二十七弓，四广扣：十弓零一分；小径：七弓一分，小广扣：五弓二分，共种：一斗二升九合零八抄。

二百四十号径：三十一弓一分，四广扣：八弓三分，种：一斗零七合五勺五抄四撮。

二百四十一号径：二十九弓一分，四广扣：十一弓四分；小径：十六弓六分，四广扣：十八弓二分，共种：二斗六升四合一勺零八撮。

二百四十二号径：三十三弓八分，五广扣：五弓四分，种：七升六合零五抄。

二百四十三号径：三十八弓七分，六广扣：六弓四分，种：一斗零三合二勺。

二百四十四号径：十六弓九分，二广扣：八弓七分，种：

六升一合二勺六抄二撮。

二百四十五号径：三十六弓二分，四广扣：三弓六分；小径：三十六弓四分，六广扣：八弓，共种：一斗七升五合六勺三抄三撮。

二百四十六号径：十五弓六分，三广扣：九弓三分，种：六升零四勺五抄。

二百四十七号径：二十八弓，五广扣：十一弓，种：一斗二升八合三勺三抄三撮。

二百四十八号径：二十六弓六分，四广扣：五弓一分，种：五升六合五勺二抄五撮。

十百四十九号径：二十三弓，三广扣：十二弓九分，种：一斗二升三合六勺二抄五撮。

二百五十号径：二十五弓九分，四广扣：七弓五分，种：八升零九勺三抄七撮。

二百五十一号径：二十一弓，五广扣：三弓三分，种：二升八合八勺七抄五撮。

二百五十二号径：十八弓二分，四广扣：四弓四分，种：三升三合三勺六抄七撮。

二百五十三号径：六弓，二广扣：七弓五分，种：一升八合七勺五抄。

二百五十四号径：十六弓一分，三广扣：十二弓八分，种：八升五合八勺六抄六撮。

二百五十五号径：二十二弓五分，三广扣：八弓，种：七升五合。

右共计田二百五十五丘，并垦田在内，共积种一十四硕七斗九升三合三勺二抄五撮正，较契载长种一硕二斗一升七合八勺三抄四撮。

卷　六

田宅志

膏火田册

契买兴贤堂南乡地，名美田桥排冲庄业。契载田种八硕五斗，该官民粮四硕八斗零二合五勺正。其界排冲正冲口美田桥大垅上自对萍邑回龙桥江边山嘴起，直上骑峰，一路至老庄屋场后背判谷冲尾，中间包全山、全嘴、全坡，绕过石颈及庄屋场后，一路直上，并左右小冲绕至排冲正冲尾，又自正冲尾包留箕坳绕至出水右边骑峰转下，包各冲全山、全嘴、全坡，一路至新庄屋后及涩田冲尾，串至石头坡尾，挨黄人壕界，随壕界串山腰绕至乾冲坡尾黄壕，又随黄壕串下小坡尾转出坡口大路。下排冲正垅水圳，随水圳串出排冲口大路，随大路转上判谷冲口，挨江水至回龙桥江边山嘴止。以上界内，凡属周围骑峰倒水，包大小横直各冲，合并倒水。至排冲正冲及老庄屋场后背，判谷冲两大冲，直出口上交汇至大垅洲，上齐江水。止之业，无论荒熟田土、塘户、山岭、屋宇、基地、余屋、粪窖、蔬园、晒坪、随田水圳一概在内，其田丘数不计。屋门首大塘并各冲大小塘十三口，均系独管独荫，塘底在内。排冲大路下挨江水连田五大丘，江边余土随田管理。又大垅江背山岭一所，随江、随田骑峰倒水为界。又随田江水，任其修坝荫注。排冲尾庄屋一栋，内外门皮、板扇、楼栿、限窗、桁条、茅盖、石块、保壁俱全。山岭随田塘、限土、骑峰倒水为界，老契并发。以上等业概归书院膏火管理。

兹清丈绘图，注明于下。

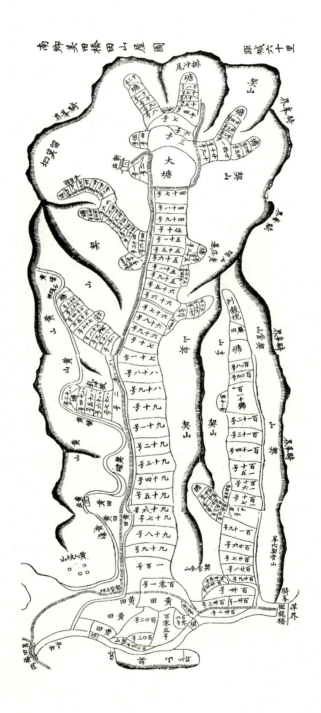

　　一号径：十一弓六分，三广扣：六弓二分，种：二升九合九勺六抄七撮。

　　二号径：十二弓三分，四广扣：十一弓五分；小径：八弓五分，三广扣：二弓九分，共种：六升九合二勺零八撮。

　　三号径：四十三弓一分，五广扣：二十一弓七分；小径：十四弓七分，小广；九弓一分，共种：四斗四升五合四勺三抄三撮。

　　四号径：二十弓零三分，五广扣：二弓一分，种：一斗七升七合六勺二抄五撮。

　　五号径：五弓一分，二广扣：五弓七分，种：一升二合一勺一抄三撮。

　　六号径：三十三弓七分，八广扣：五弓二分，种：七升三合零一抄七撮。

　　七号径：三十二弓六分，五广扣：七弓，种：九升五合零八抄三撮。

　　八号径：十四弓一分，三广扣：七弓，种：四升一合一勺二抄五撮。

　　九号径：十五弓四分，三广扣：七弓八分，种：五升零零五抄。

　　十号径：十五弓三分，四广扣：五弓，种：三升一合八勺七抄五撮。

　　十一号径：十二弓一分，三广扣：八弓九分，种：四升四合八勺七抄一撮。

　　十二号径：十一弓二分，二广扣：十弓零八分，种：五升零四勺。

　　十三号径：十三弓八分，四广扣：二弓一分，种：一升二合零七抄五撮。

　　十四号径：十三弓二分，三广扣：六弓七分，种：三升六合八勺五抄。

　　十五号径：十三弓五分，三广扣：六弓一分，种：三升四合三勺一抄二撮。

十六号径：十四弓五分，三广扣：三弓八分，种：二升二合九勺五抄八撮。

十七号径：十四弓七分，三广扣：三弓六分，种：二升二合零五抄。

十八号径：十二弓，二广扣：八弓二分，种：四升一合。

十九号径：十七弓一分，三广扣：六弓八分，种：四升八合四勺五抄。

二十号径：十五弓，三广扣：九弓三分，种：五升八合一勺二抄五撮。

二十一号径：十七弓，四广扣：十八弓二分，种：一斗二升八合九勺一抄七撮。

二十二号径：十三弓六分，四广扣：六弓，种：三升四合。

二十三号径：十三弓四分，三广扣：四弓八分，种：二升六合八勺。

二十四号径：十二弓二分，三广扣：六弓二分，种：三升一合五勺一抄七撮。

二十五号径：十五弓四分，四广扣：六弓二分，种：三升九合七勺八抄三撮。

二十六号径：十一弓，二广扣：八弓二分，种：三升七合五勺八抄三撮。

二十七号径：十二弓，三广扣：四弓六分，种：二升三合。

二十八号径：十三弓三分，四广扣：九弓六分，种：五升三合二勺。

二十九号径：十三弓四分，三广扣：八弓六分，种：四升八合零一抄七撮。

三十号径：十三弓二分，三广扣：七弓三分，种：四升零一勺五抄。

三十一号径：十三弓五分，三广扣：五弓五分，种：三升零九勺三抄七撮。

三十二号径：十四弓二分，三广扣：七弓八分，种：四升六合一勺五抄。

三十三号径：十五弓二分，三广扣：六弓四分，种：四升零五勺三抄三撮。

三十四号径：十二弓，三广扣：五弓一分，种：二升五合五勺。

三十五号径：七弓，二广扣：四弓二分，种：一升二合二勺五抄。

三十六号径：二十七弓，五广扣：五弓一分，种：五升七合三勺七抄五撮。

三十七号径：二十一弓八分，四广扣：七弓，种：六升三合五勺八抄三撮。

三十八号径：十六弓二分，三广扣：六弓四分，种：四升三合二勺。

三十九号径：十四弓，三广扣：六弓七分，种：三升九合零八抄三撮。

四十号径：十三弓八分，三广扣：八弓二分，种：四升七合一勺五抄。

四十一号径：十六弓二分，三广扣：十四弓一分，种：九升五合一勺七抄五撮。

四十二号径：十七弓六分，三广扣：二弓二分，种：一升六合一勺三抄三撮。

四十三号径：三十五弓，七广扣：三弓二分，种：四升六合六勺六抄六撮。

四十四号径：十二弓，四广扣：九弓六分，种：四升八合。

四十五号径：七弓，二广扣：二弓九分，种：八合四勺五抄八撮。

四十六号径：二十弓零五分，三广扣：十七弓四分，种：一斗四升八合六勺二抄五撮。

四十七号径：十八弓三分，四广扣：六弓六分，种：五升零三勺二抄五撮。

四十八号径：十八弓一分，四广扣：九弓二分，种：六升九合三勺八抄三撮。

四十九号径：十六弓九分，四广扣：六弓六分，种：四升六合四勺七抄五撮。

五十号径：十九弓一分，三广扣：十三弓一分，种：一斗零四合二勺五抄四撮。

五十一号径：二十六弓七分，三广扣：十一弓七分，种：一斗三升零一勺六抄六撮。

五十二号径：十三弓，二广扣：四弓九分，种：二升六合五勺四抄二撮。

五十三号径：二十六弓四分，六广扣：五弓七分，种：六升二合七勺。

五十四号径：十一弓，二广扣：一弓四分，种：六合四勺一抄七撮。

五十五号径：三十三弓，四广扣：五弓五分，种：七升五合六勺二抄五撮。

五十六号径：三十五弓，五广扣：十一弓六分，种：一斗六升九合一勺六抄七撮。

五十七号径：二十六弓，四广扣：一弓四分，种：一升五合一勺六抄七撮。

五十八号径：二十二弓九分，三广扣：八弓四分，种：八升零一勺五抄。

五十九号径：二十弓零八分，三广扣：十一弓二分，种：九升七合零六抄七撮。

六十号径：七弓四分，二广扣：八弓三分，种：二升五合五勺九抄二撮。

六十一号径：九弓一分，三广扣：八弓七分，种：三升二合九勺八抄七撮。

六十二号径：十一弓，二广扣：二弓六分，种：一升一合九勺一抄七撮。

六十三号径：二十五弓，五广扣：三弓，种：三升一合二勺五抄。

六十四号径：十五弓四分，四广扣：一弓四分，种：八合九勺八抄三撮。

六十五号径：二十四弓二分，三广扣：十九弓九分，种：二斗零零六勺五抄八撮。

六十六号径：二十二弓二分，三广扣：十二弓四分，种：一斗一升四合七勺。

六十七号径：二十弓零二分，二广扣：十四弓六分，种：一斗二升二合八勺八抄三撮。

六十八号径：二十二弓六分，三广扣：十八弓六分，种：一斗七升五合一勺五抄。

六十九号径：十九弓二分，三广扣：六弓五分，种：五升二合。

七十号径：二十二弓，三广扣：十二弓八分，种：一斗一升七合三勺三抄。

七十一号径：二十二弓九分，四广扣：十四弓二分，种：一斗三升五合四勺九抄二撮。

七十二号径：十弓零一分，二广扣：三弓五分，种：一升四合七勺二抄九撮。

七十三号径：十二弓，三广扣：五弓八分，种：二升九合。

七十四号径：十弓，二广扣：四弓七分，种：一升九合五勺八抄三撮。

七十五号径：十弓零一分，二广扣：六弓一分，种：二升五合六勺七抄一撮。

七十六号径：六弓四分，三广扣：二弓四分，种：六合四勺。

七十七号径：十二弓九分，二广扣：十二弓五分，种：六升七合一勺八抄八撮。

七十八号径：十二弓五分，三广扣：十一弓，种：五升七合二勺九抄二撮。

七十九号径：十五弓，三广扣：四弓二分，种：二升六合二勺五抄。

八十号径：十六弓三分，三广扣：四弓八分，种：三升二合六勺。

八十一号径：十六弓三分，四广扣：二弓五分，种：一升六合九勺七抄九撮。

八十二号径：三十七弓七分，七广扣：三弓六分，种：五升六合五勺五抄。

八十三号径：十八弓，二广扣：二弓四分；小径：八弓，二广扣：八弓三分，共种：四升五合六勺六抄七撮。

八十四号径：十弓零八分，二广扣：六弓七分，种：三升零一勺五抄。

八十五号径：十弓零一分，二广扣：五弓五分，种：二升三合一勺四抄六撮。

八十六号径：十一弓，三广扣：九弓一分，种：四升一合七勺零八撮。

八十七号径：十三弓，四广扣：四弓九分，种：二升六合五勺四抄二撮。

八十八号径：二十二弓八分，三广扣：九弓六分，种：九升一合二勺。

八十九号径：二十三弓，三广扣：八弓五分，种：八升一合四勺五抄八撮。

九十号径：二十三弓二分，四广扣：十四弓九分，种：一斗四升四合零三抄三撮。

九十一号径：三十三弓一分，四广扣：十弓零六分，种：一斗四升六合一勺九抄二撮。

九十二号径：三十七弓，六广扣：八弓八分，种：一斗三升五合六勺六抄七撮。

九十三号径：二十八弓二分，五广扣：七弓七分，种：九升零四勺七抄五撮。

九十四号径：二十五弓，五广扣：十三弓六分，种：一斗四升一合六勺六抄七撮。

九十五号径：二十六弓四分，四广扣：十弓零八分，种：一斗一升八合八勺。

九十六号径：二十六弓六分，五广扣：十二弓三分，种：一斗三升六合三勺二抄五撮。

九十七号径：二十八弓，五广扣：十弓零三分，种：一斗二升零一勺六抄七撮。

九十八号径：二十七弓，五广扣：九弓，种：一斗零一合二勺五抄。

九十九号径：三十弓零六分，四广扣：九弓一分；小径：六弓，三广扣：一弓八分，共种；一斗二升零五勺二抄五撮。

一百号径：五十弓零二分，五广扣：九弓三分；小径：六弓，二广扣：二弓二分，共种：二斗零零二抄五撮。

一百○一号径：六十三弓；八广扣：八弓八分，种：二斗三升一合。

一百○二号径：十八弓五分，四广扣：十四弓三分，种：一斗一升零二勺二抄九撮。

一百○三号径：十八弓四分，四广扣：九弓七分，种：七升四合三勺六抄七撮。

一百○四号径：十一弓，三广扣：一弓五分，种：六升八合七勺五抄。

一百○五号径：二十九弓七分，五广扣：十七弓六分；小径：十五弓五分，三广扣：十二弓八分，共种：三斗零四勺六抄七撮。

一百○六号径：十九弓四分，三广扣：九弓三分，种：七升五合一勺七抄五撮。

一百○七号径：十五弓一分，三广扣：七弓七分，种：四升八合四勺四抄六撮。

一百○八号径：十弓零四分，三广扣：十八弓；种：七升八合。

一百○九号径：九弓九分，三广扣：六弓九分，种：二升八合四勺六抄二撮。

一百一十号径：十六弓二分，三广扣：九弓九分，种：六升六合八勺二抄五撮。

　　一百一十一号径：六号，二广扣：二弓七分，种：六升七合五勺。

　　一百一十二号径：十二弓二分，三广扣：十一弓五分；小径：六号，二广扣：三弓三分，共种：六升六合七勺零八撮。

　　一百一十三号径：十三弓二分，三广扣：十五弓四分，种：八升四合七勺。

　　一百一十四号径：十二弓五分，三广扣：七弓一分，种：三升六合九勺七抄九撮。

　　一百一十五号径：十二弓三分，三广扣：三弓三分，种：一升六合九勺一抄二撮。

　　一百一十六号径：十二弓二分，三广扣：三弓七分，种：一升八合八勺零八撮。

　　一百一十七号径：十二弓四分，三广扣：七弓三分，种：三升七合七勺一抄七撮。

　　一百一十八号径：十四号，三广扣：三弓八分，种：二升二合一勺六抄七撮。

　　一百一十九号径：二十二号，四广扣：十五弓三分，种：一斗四升零二勺五抄。

　　一百二十号径：十一号，二广扣：七弓四分，种：三升三合九勺一抄七撮。

　　一百二十一号径：八弓九分，二广扣：四弓二分，种：一升五合五勺七抄五撮。

　　一百二十二号径：八弓四分，二广扣：四弓七分，种：一升六合四勺五抄。

　　一百二十三号径：九号，二广扣：四弓三分，种：一升六合一勺二抄五撮。

　　一百二十四号径：九弓三分，二广扣：五弓六分；小径：四弓八分，小广扣：一弓，共种：二升三合七勺。

　　一百二十五号径：五号，二广扣：一弓二分，种：二合五勺。

　　一百二十六号径：十八弓七分，三广扣：六弓五分，种：

五升零六勺四抄六撮。

一百二十七号径：十四弓八分，三广扣：十三弓四分，种：八升二合六勺三抄三撮。

一百二十八号径：十四弓四分，三广扣：十弓零一分，种：六升零六勺。

一百二十九号径：十六弓三分，四广扣：十三弓一分，种：八升八合九勺七抄一撮。

一百三十号径：十九弓四分，三广扣：九弓七分，种：七升八合四勺零八撮。

一百三十一号径：十一弓，三广扣：三弓三分，种：一升五合一勺二抄五撮。

一百三十二号径：二十七弓，五广扣：一弓九分，种：二升一合三勺七抄五撮。

一百三十三号径：三十六弓七分，五广扣：五弓六分，种：八升五合六勺三抄三撮。

一百三十四号径：十五弓，三广扣：三弓二分，种：二升。

一百三十五号径：十八弓，五广扣：一弓七分，种：一升二合七勺五抄。

右共田一百三十五丘，共积种八硕九斗四升五合八勺六抄一撮，较契载长四斗四升五合八勺六抄一撮。

邹子目同弟花坞捐南乡泗汾市朱家坪庄业。契载田种一硕三斗，塘种一斗八升。其屋朱家坪口右边庄屋一栋，正厅一半，西边正房二间，屋后园土一截，左右随栋脚直上壕基为界。门首右边粪窖一只独管，砂坪、水塘四股之一。其田董公塘下右边第一丘名六升丘田一丘，隔易田左边名三升丘田一丘，六升丘下隔易田名三斗丘田一丘。又下松树塘，今呼石子塘，右边塘角挨山荒田一丘，共田四丘。系上下松树塘两塘高低硇荫。又董公塘左边寨下田一丘，又易人新塘右边山脚下田一丘，连下长湾丘田一丘，又新塘基下田一丘，连花石丘田一丘，又花石丘出水右挡大脑丘田一丘，又庄屋下手连大脑丘路下原田二丘，今通作一丘，又刘人门首今萧宅壕下老秧田田一丘，共田八丘。系董公塘车放水荫，董公塘一口与易平管。松树塘一口，独管公荫，所有修锄照依。松树塘尾坡心及塘边左右山随便取土。以上各业概归书院膏火管理。老契未发。

　　兹清丈绘图，注明于下。

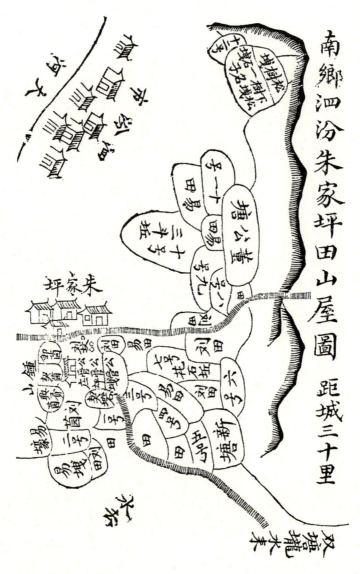

一号径：二十七弓七分，三广扣：十弓零四分，种：一斗二升零零三抄三撮。

二号径：二十五弓六分，三广扣：八弓四分，种：八升九合六勺。

三号径：二十二弓二分，四广扣：八弓七分，小径：三弓二分，二广扣：三弓四分，共种：八升五合零零八撮。

四号径：二十弓，三广扣：七弓三分，种：六升零八勺三抄三撮。

五号径：三十弓，四广扣：七弓八分，种：九升七合五勺。

六号径：十八弓二分，五广扣：六弓六分，种：五升零零五抄。

七号径：二十七弓，五广扣：六弓八分，小径：八弓六分，三广扣：二弓九分，共种：八升六合八勺九抄二撮。

八号径：七弓六分，三广扣：三弓三分，种：一升零四勺五抄。

九号径：十七弓，五广扣：三弓六分，种：二升五合五勺。

十号径：三十九弓七分，六广扣：十四弓七分；小径：七弓一分，二广扣：三弓六分，共种：；二斗五升三合八勺一抄。

十一号径：二十三弓六分，四广扣：四弓四分，种：四升三合二勺六抄六撮。

十二号径：六弓三分，二广扣：四弓七分，种：一升二合三勺三抄八撮。

右共田十二丘，共积种九斗三升五合二勺八抄，较契载亏种三斗六升四合七勺二抄。

文献章捐南乡地，名南山嘴庄业。田种一硕，该官民粮五斗六升五合。其屋南山嘴茅屋一栋，四缝三间，左边挨地坪接连二间，右边厕屋一间，门首地坪一块，坪下挨塘园土一块。屋后山岭余土自屋左边墙垛起包过屋右至上首壕基外止。又上首塘背上园土一截，余坪、余土随屋管理。其田庄屋对面官路背上土堆丘田一丘，隔二号挨菱角塘名抱肚丘田一丘，塘背上挨汪宅后田一丘，隔一号挨老屋塘田一长丘，均系菱角塘与小河陂荫注。一处中垅深塘边小圳背挨土堆塘田一长丘，系小河陂与菱角塘及土堆塘、深塘荫注。又垅内草垱塘下左边隔小圳第二丘田一丘，系小河陂与草垱塘、菱角塘荫注。一处上蛇湖塘下第二丘田一丘，本田右边脚下田一丘，连下隔二丘挨永湖塘脑上名靴丘田一丘，又挨下蛇湖尾右边田一丘，连下隔一丘名瑶丘田一丘，该田下挨下蛇湖塘塘塘基田一丘，又下蛇湖塘下右边柞树丘田一丘，共田七丘。系上下二蛇湖塘及永湖塘荫注。上蛇湖塘尾山岭锄修。此业统归书院膏火管理。

兹清丈绘图，注明于下。

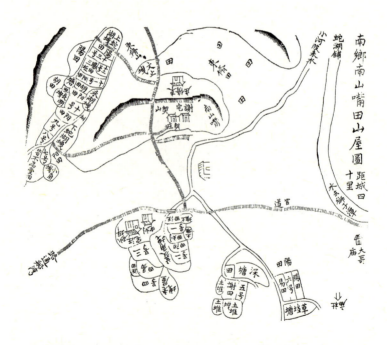

一号径：六弓五分，二广扣：四弓一分，种：一升一合一勺零四撮。

二号径：十六弓六分，三广扣：七弓二分，小径：八弓三分，小广：四弓四分，共种：六升五合零一抄六撮。

三号径：二十一弓；六广扣：七弓八分，小径：八弓七分，二广扣：六弓二分，小又径：九弓四分，二广扣：三弓八分，共种：一斗零五合六勺零八撮。

四号径：十一弓二分，二广扣：五弓一分，种：二升三合八勺。

五号径：三十四弓八分，四广扣：十一弓九分，种：一斗七升二合五勺五抄。

六号径：二十弓，三广扣：十二弓九分，种：一斗零七合五勺。

七号径：四十九弓，八广扣：五弓，种：一斗零二合零八抄三撮。

八号径：二十三弓，四广扣：五弓二分，种：四升九合八勺三抄三撮。

九号径：四十二弓一分，六广扣：十一弓七分，种：二斗零五合二勺三抄七撮。

十号径：十六弓，三广扣：十弓零九分，种：七升二合六勺六抄六撮。

十一号径：十弓零二分，二广扣：六弓四分；小径：四弓三分，二广扣：二弓五分，共种：三升一合六勺七抄九撮。

十二号径：八弓二分，二广扣：四弓三分，种：一升四合六勺九抄一撮。

十三号径：二十六弓一分，四广扣：十二弓八分，种：一斗三升九合二勺。

右田十三丘，实种一硕一斗零九勺六抄七撮，较契载长种一斗零九勺六抄七撮。

贺增闻上熙捐西乡铜硿栗山坝后田业。契载田种一硕，该官民粮五斗六升五合。其田丘段界止柳树塘，塘下大水丘田一丘，系柳树塘上下三塘水放车荫注。又汪宅上首蓝家园下田一丘，连上田一丘，系三塘冲泉源放荫。南边山下连田五丘（今通作三丘），系龙塘水放车荫注。又垅内排上皮刀丘田一丘，连下田一丘，皮刀丘上隔汪人田外连田二丘，又横过长丘田一丘，均系泉塘及龙塘水放车荫注。此业概归书院膏火管理，老契未发。

　　兹清丈绘图，注明于下。

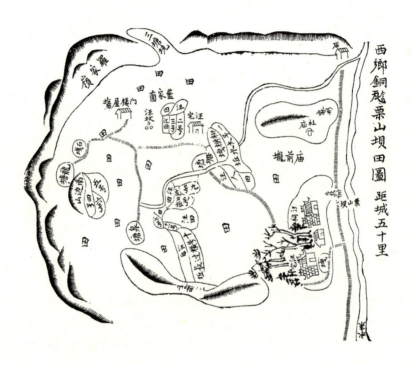

　　一号径：四十弓，六广扣：六弓八分，小径：九弓，二广扣：四弓三分，共种：一斗二升九合四勺五抄八撮。

　　二号径：十六弓一分，四广扣：七弓八分，种：五升二合三勺二抄五撮。

　　三号径：十一弓三分，三广扣：二弓七分，种：一升二合七勺一抄二撮。

　　四号径：二十一弓八分，四广扣：六弓一分，种：五升五合四勺零八撮。

　　五号径：十三弓四分，三广扣：六弓二分，种：三升四合六勺一抄六撮。

　　六号径：十二弓，四广扣：四弓六分，小径：五弓五分，二广扣：一弓四分，共种：二升六合二勺零八撮。

七号径：五弓九分，二广扣：三弓二分，种：七合八勺六抄六撮。

八号径：十五弓，四广扣：二弓七分，小径：八弓五分，三广扣：七弓二分，共种：四升二合三勺七抄五撮。

九号径：十三弓九分，三广扣：九弓四分，种：五升四合四勺四抄二撮。

十号径：四十九弓，八广扣：四弓八分，种：九升八合。

十一号径：二十一弓，三广扣：二弓九分，种：二升五合三勺七抄五撮。

右共田十一丘，共积种五斗三升八合七勺八抄五撮，较契载亏种四斗六升一合二勺一抄五撮。

汤四祭祀捐西乡地，名双滂满洲塘。田种五斗有奇，该官民粮二斗八升二合五勺。其田丘埌界址，自满洲塘出水左边木子塘下挨观音祀田起连田四丘，又横过大路上长湾丘田一丘，连上月丘田一丘，又连上湾丘田一丘，又月丘出水右垱大小连田三丘，又大路下右边尖丘田一丘，左边汤人田脚下直丘田一丘，以上共田十二丘，均系满洲塘、萧塘车放荫注。此业概归书院膏火管理。

兹清丈绘图，注明于下。

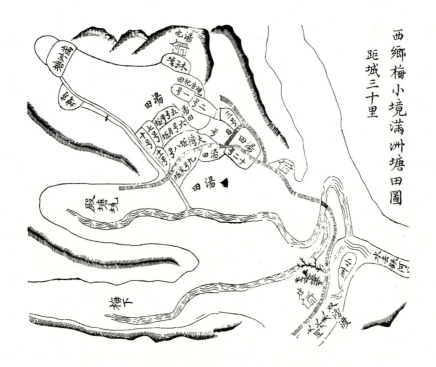

西乡梅小境满洲塘田图

距城三十里

一号径：七弓八分，二广扣：二弓，种：六合五勺。

二号径：五弓六分，二广扣：一弓五分，种：三合五勺。

三号径：十七弓五分，五广扣：二弓，种：一升四合五勺八抄四撮。

四号径：十五弓二分，三广扣：二弓二分，种：一升三合九勺三抄三撮。

五号径：三十一弓三分，七广扣：五弓三分，种：六升九合一勺二抄一撮。

六号径：二十三弓，五广扣：八弓七分，种：八升三合三勺七抄五撮。

七号径：十七弓三分，四广扣：六弓三分，种：四升五合四勺一抄三撮。

八号径：五十八弓，八广扣：七弓八分，种：一斗八升四合三勺三抄三撮。

九号径：三十六弓，八广扣：六弓，种：九升。

　　十号径：十七弓九分，五广扣：五弓；小径：六弓，三广扣：三弓六分，共种：四升六合二勺九抄二撮。

　　十一号径：十一弓，三广扣：三弓三分，种：一升五合一勺二抄五撮。

　　十二号径：六弓，二广扣：一弓七分，种：四合二勺五抄。

　　右共田十二丘，共计种五斗七升六合四勺二抄六撮，与契载相符。

　　王祖二、祖祯、祖培等捐西乡地，名攸坞境石背。丁家塘后垦田三丘，计种四升正，系苏家坝水车放荫注。该处田后壕沟内余坪土块以及香铺坪均任修锄取草。此业归书院膏火管理。

　　兹清丈绘图，注明于下。

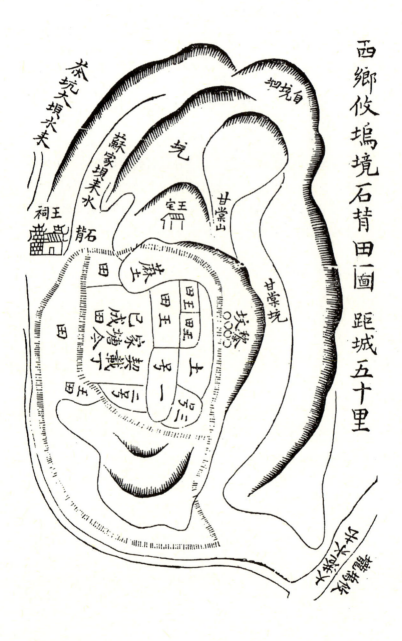

一号径：十四弓一分，二广扣：九弓四分，种：五升五合二勺二抄五撮。

二号径：十五弓；四广扣：二弓七分，种：一升六合八勺七抄五撮。

三号径：九弓三分，二广扣：八弓四分，种：三升二合五勺五抄。

右共计田三丘，共积种一斗零四合六勺五抄，较契载多种六升四合六勺五抄。

陈道来捐北乡地，名龙窟洲庄业。契载田种一硕五斗，该官民粮八斗四升七合五勺。茅盖庄屋一栋，大小间数不计。门首余基、晒坪、荒土、竹木在内。其山岭自庄屋上首起，随骑峰绕至山顶及兴贤堂山界止。右边山一面，其田丘段界址，中洲挨河边沙丘田一丘，茅边桥出水左边档上田一丘。又挨筒车圳土一块，左至邓土，右至王土，上下至圳至路为界，系筒车坝水贯荫。门首礤下土一片，庄屋上首挨河边田一丘，下隔一号土一片，连土礤上大尖丘田一丘，连下垱湾丘田一丘。又连下串洲，连田四丘，所有江洲随田管理。又湾丘礤上田一丘，均系三眼塘及龙潭车放荫注。此业概归书院膏火管理。

兹清丈绘图，注明于下。

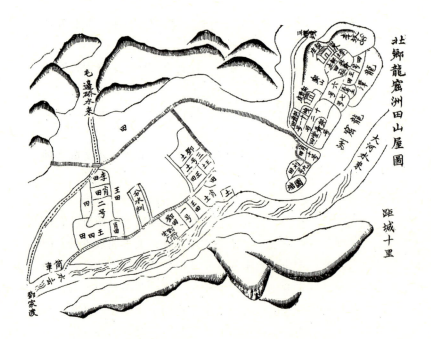

壮乡龙窟洲田山屋图

距城十里

　　一号径：二十一弓三分，三广扣：十五弓，种：一斗三升三合一勺二抄五撮。

　　二号径：三十二弓六分，四广扣：十五弓八分；小径：四弓八分，一广：三弓八分，共种：二斗二升二合二勺一抄七撮。

　　三号径：三十七弓四分，一广；三弓二分，种：四升九合八勺六抄六撮。

　　四号径：二十三弓，五广扣：二弓八分，种：二升六合八勺三抄三撮。

　　五号径：七弓，二广扣：三弓五分，种：一升零二勺零八撮。

　　六号径：三十七弓八分，五广扣：八弓五分，种：一斗三升三合八勺七抄五撮。

　　七号径：二十二弓，四广扣：六弓八分，种：六升二合三勺三抄三撮。

　　八号径：三十五弓五分，五广扣：七弓六分，种：一斗一升二合四勺一抄六撮。

九号径：二十七弓，四广扣：六弓，种：六升七合五勺。

十号径：九弓六分，三广扣：四弓六分，种：一升八合四勺。

十一号径：十二弓八分，四广扣：六弓五分，种：三升四合六勺六抄六撮。

十二号径：十一弓三分，二广扣：十四弓四分；小径：二十弓零六分，三广扣：五弓四分，共种：一斗一升四合一勺五抄。

右共田十丘，土二块，共积种九斗八升五合五勺八抄九撮，较契载亏种五斗一升四合四勺一抄一撮。

岁修田册

契买东乡地，名五里牌马家湾庄业。契载田种二斗五升，该官民粮一斗四升一合二勺五抄。其田五里牌马家湾截出，郭家塘下挨行人大路出水左边第五丘长田一丘，挨大路小田一丘，荫注历系郭家塘石坝荫。均系股分照田科派，贯荫无阻。此业归书院考棚岁修管理。

兹清丈绘图，注明于下。

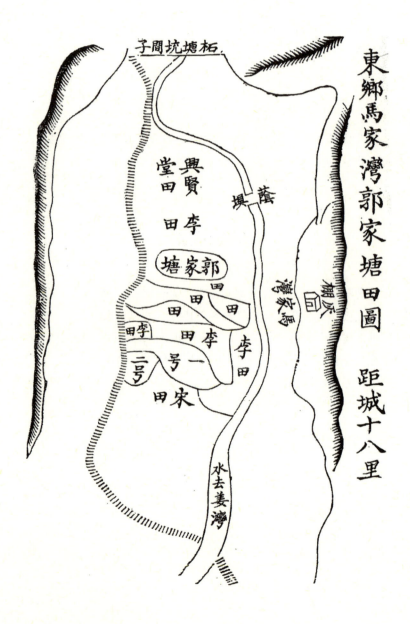

一号径：五十二弓，八广扣：八弓八分，种：一斗九升零六勺六抄七撮。

二号径：十二弓，三广扣：三弓八分，种：一升九合。

右共田二丘，计积种二斗零九合六勺六抄七撮，较契载亏种四升零三勺三抄三撮。

唐、李、黎、谢、帅、施、何、万、吴、张、傅、梁、易、彭等姓捐东城灵官庙后屋宇园土一契。其界以屋坐向论，前至官街，后至学背岭骑峰倒水，左至黎人地，右至杨人地，俱以本庄屋墙脚为界。界内庄屋一栋，六缝五间，东西厢房二间。屋前园土一块，屋后园土四块。以上等业归书院考棚岁修管理。

兹清丈绘图，注明于下。

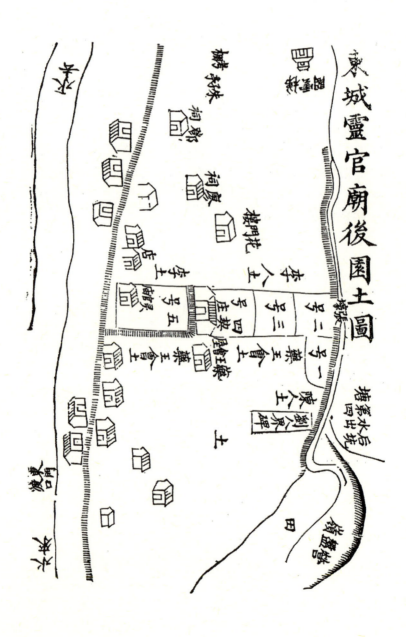

东城灵官庙后园土图

一号径：十号零五分，二广：共：十七号九分。

二号径：十八号，三广：共：二十二号四分。

三号径：二十二号，四广：共：三十八号五分。

四号径：十四号，二广：共：十九号二分。

五号径：四十四号，二广：共：十九号二分。

张文纶捐南乡地，名龙山港草塘下庄业。契载田种一硕六斗，该官民粮八斗九升三合五勺。其田丘塅界止草塘，基下一大长丘，连下垱一横丘，下隔一号漕里一长丘，随上至鱼形桥边一小丘，草塘左角塇上挨山连田二丘，挨田上垱余人屋门首塘一口，独管独荫。至草塘中塘，均照老额股分车放尽底荫注。此业概归书院考棚岁修管理。

兹清丈绘图，注明于下。

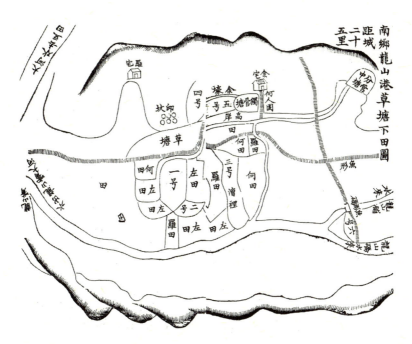

一号径：六十六号四分，六广扣：二十九号八分，种：八斗二升四合四勺六抄六撮。

二号径：三十弓零六分，五广扣：十一弓三分，种：一斗四升四合零七抄五撮。

三号径：六十六弓；七广扣：九弓六分；小径：十九弓五分，三广扣：十二弓四分；又小径：三弓六分，一广：三弓，共计种：三斗六升九合二勺五抄。

四号径：十七弓三分，四广扣：十四弓，种：一斗零零九勺一抄六撮。

五号径：十七弓二分，四广扣：七弓，种：五升零一勺六抄七撮。

六号径：十三弓，三广扣：四弓九分，种：二升六合五勺四抄二撮。

右共田六丘，计积种一硕五斗一升五合四勺一抄六撮，较契载亏种八升四合五勺八抄四撮。

契买南乡地，名陈家垅柏园庄业。契载田种三斗五升，该官民粮一斗九升七合七勺五抄。其丘塅界止柏园腰垅内蛇丘背上，连田二丘，鉴丘垱头连田二丘，共田四丘。荫注系上下雪塘彻底车放。锄修照依古额。此业概归书院岁修管理。

兹清丈绘图，注明于下。

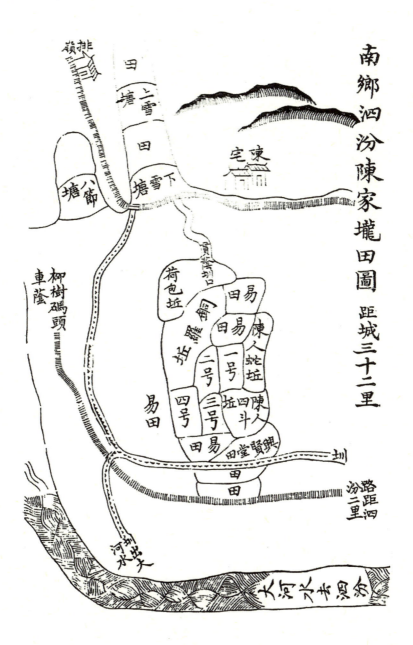

南鄉泗汾陳家壠田圖　距城三十二里

一号径：二十五弓六分，三广扣：七号三分，种：七升七合八勺六抄七撮。

二号径：二十七号，三广扣：七号六分；小径：四弓八分，二广扣：二弓五分，共种：九升零五勺。

三号径：二十弓零八分，四广扣：八弓二分，种：七升一合零六抄七撮。

四号径：二十一弓二分，四广扣：六弓，种：五升三合。

右共田四丘，共积种二斗九升二合四勺三抄四撮，较契载亏种五升七合五勺六抄六撮。

契买西乡地，名梅小境双溇庄业。契载田种三斗，该官民粮一斗六升九合五勺。其田丘塅界止双溇石塘垅内张群公祠门首槛丘田一丘，又正垅内八升丘田一丘，荫注均系筒车及上下八公塘、中塘二处。水分照种科派放荫。修锄照依老额。此业概归书院考棚岁修管理。

兹清丈绘图，注明于下。

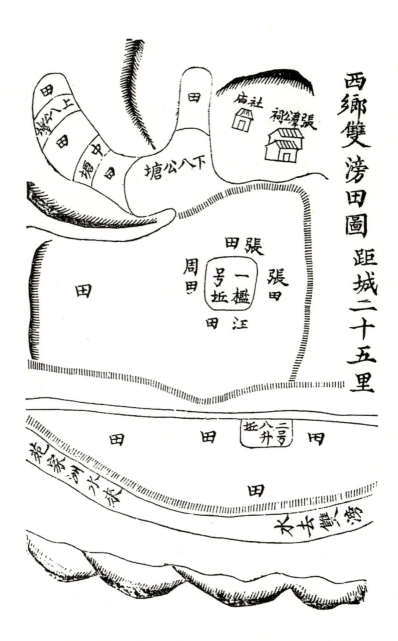

西鄉雙滂田圖　距城二十五里

一号径：二十四弓七分，四广扣：十四弓六分；小径：二十弓零一分，五广扣：六弓八分，共种：二斗零七合二勺零八撮。

二号径：十七弓，三广扣：十弓零九分，种：七升七合二勺零八撮。

右共田二丘，共积种二斗八升四合四勺一抄，较契载亏种一升五合五勺九抄。

萧振武捐北乡地，名铁河口大河背垱下冲庄业。契载田种六斗六升零，该官民粮三斗七升三合。其丘垱界止荷塘基下出水圳左墈上串山，连田四丘，右至圳弦，左至岭脚，前至大路并杨田，后至山脚为界。大路下挨圳左边连田三丘，上至大路，下左右均至杨田为界。系荷叶塘车放尽底荫注。又本冲随圳直下至石钵岭黄沙塘基下隔左田一丘，连下田二丘，左至左田并圳岸，右至左田，下至兴贤堂田，上至岭脚为界。又田边出水圳荫坝一座，任其修坝贯荫。其荫注系荷叶塘、黄沙塘车放尽底。此业概归书院岁修管理。

兹清丈绘图，注明于下。

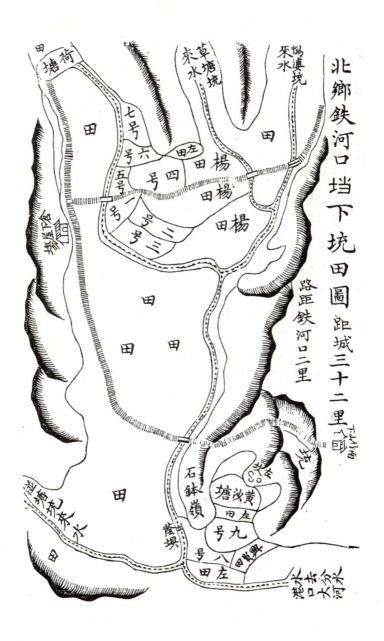

一号径：八弓一分，二广扣：五弓六分，种：一升八合九勺。

二号径：十三弓四分，三广扣：六弓五分，种：三升六合二勺九抄二撮。

三号径：十三弓五分，四广扣：五弓五分，种：三升零九勺三抄七撮。

四号径：十六弓，三广扣：十四弓一分，种：九升四合。

五号径：八弓，二广扣：四弓四分，种：一升四合六勺六抄七撮。

六号径：十六弓六分，三广扣：十一弓二分，种：七升七合四勺六抄七撮。

七号径：二十一弓，三广扣：七弓三分，种：六升三合八勺七抄五撮。

八号径：二十四弓三分，五广扣：六弓二分，种：六升二合七勺七抄五撮。

九号径：二十弓零九分，三广扣：九弓九分；小径：十二弓三分，二广扣：三弓五分，共种：一斗零四合一勺四抄九撮。

右共田九丘，共积种五斗零三合零六抄二撮，较契载亏种一斗五升六合九勺三抄八撮。

附　录

渌江书院的渊源及影响

　　渌江书院坐落于醴陵市城之西的西山半山腰，三面环山，面向渌江，环境十分幽静，真是"文星朗耀，名教乐地"（陈心炳：《移建渌江书院记》）。院旁有著名的红拂墓、始建于唐代的靖兴寺、纪念宋朝醴陵籍名人的宋名臣祠及千年古樟和能"消暑除疾"的洗心泉等名胜古迹。古人有不少诗歌咏渌江书院及其四周风光，如山长罗汝怀在道光庚子年（1804）作的题为《渌江留别》的诗中写道：

> 阇黎胜境俯江边，精舍新开近十年。
> 磊呵石高都拔地，轮囷树老欲参天。
> 只疑幽壑蛟为宅，肯食灵文蠹亦仙。
> 清绝点尘无处着，松间长涌洗心泉。
>
> 陂陀鸟路出峰腰，纵乏亭台景自饶。
> 细草春深红拂墓，长虹晴偃渌江桥。
> 青山入户云先到，凉月窥林暑易消。
> 一带江干好风味，惜无人种柳千条。

　　诗不仅描绘了西山的如画风景，而且使人想见坐领群英藏修息游之乐。

　　本文拟就渌江书院兴办的渊源、变迁情况及其特色与影响，从阅谈有限的资料所得，作一点肤浅的介绍和论述。

渊　源

自南宋至清代，醴陵相继办过七所书院，其余六所分别是：宋吕东莱讲学之地的莱山书院【明正德二年（1507）改为东莱书院】、建于宋淳祐年间的西山书院、宋代醴陵贡生黎贵臣讲学的昭文书院（昭文即黎的字）、祀王阳明（王守仁）的文成书院（明代初建时叫超然书院）、纪念朱熹和吕祖谦而设的近思书院（朱、吕同著《近思录》），还有江东书院等。渌江书院是其中的佼佼者，存在的时间长、规模大，影响深远，授课内容由先以考课为主到清初变为习经史训诂词章，这也是醴陵其他书院所不及的。

筑书院兴讲学之风，在古代醴陵县是颇为盛行。在清初明文规定"不许别创书院"的政策下，稍后醴陵还是创建和重修了五所书院。为什么书院在醴陵这样兴盛呢？除政治、经济的需求之外，据史料所载，主要是理学的发展及其在醴陵的广泛传播，直接影响是"东南三贤"及元明学者在醴陵的讲学。除此之外，与岳麓书院甚密的人事交往也有关系。

南宋学者张栻、朱熹在岳麓书院讲学时，醴陵学者、进士吴猎与他们交往甚密。吴猎先从学张栻，后拜师朱熹，曾任过岳麓书院的堂长。朱熹任潭州知州时，聘他的学生、醴陵黎贵臣掌岳麓书院。岳麓书院的存在为醴陵树立了一个榜样，使"醴人士望风景从"，兴办书院。

朱熹曾两次到醴陵，在学宫讲过学。醴陵人士为朱熹绘有画像，朱熹自题绝句："苍颜已是十年前，把镜回看益怅然，临深履薄量无几，且将余日付残编。"（嘉庆版《醴陵县志》卷十八）像与诗镌于碑石，至今存在。朱子没后，醴陵建有朱子亭，后像存而亭废。乾隆甲午年（1774），渌江书院之东重建朱子亭以祀奉朱子（长沙太史余延灿：《建朱子祠记》），说明朱子深受醴陵人士的崇拜。吕东莱曾侨寓醴陵，在莱山授徒讲学。朱子称吕子其学"足以范俗而垂世"。对这些理学名臣，当时醴陵人士"争相亲炙"。现在渌江书院头门还保留着"恩承北阙，道接东莱"的对联，可见其影响之大。

明代教育家王守仁因反对宦官刘瑾而被贬为贵州龙场驿丞，正德二年，他行经醴陵，寓西城泗洲寺，并在泗洲寺、靖兴寺讲学，留有《过靖兴寺》（见《明史》和民国版《醴陵县志》）诗：

> 隔水不见寺，但闻清磬来。
> 已指峰头路，始瞻云外台。
> 洞天藏日月，潭窟隐风雷。
> 欲询兴废迹，荒碣满蒿莱。

又：

> 老树千年惟鹤住，深渊百尺有龙蟠。
> 僧居却在云深处，别作人间境界看。

王守仁所谓"良知"之学，其信奉者"衍其绪""设立书院以张之"。以上说明：醴陵书院的兴起不是无源之水。渌江书院虽到清代才立，但它渊源于上述影响，也是"振兴文教，培植英才"发展的必然。

变　迁

渌江书院是以宋、元、明的学宫故址为基础，于乾隆十八年（1753）创建的。在醴陵城东即现在的醴陵一中操场左前方朱子祠右侧，知县管乐倡建，其前建考棚。经乾隆十九年、三十一年才完工。乾隆五十二年（1787）加以修茸，规模可观。书院办在城内，市声喧嚣，红尘纷扰，不便清静讲习，考试也难关防。道光五年（1825），撤旧院作考棚，迁书院到西山。经县令陈心炳倡捐，道光九年（1829），在西山书院遗址新建了渌江书院。首头门，次讲堂，又次为内厅，东斋三个：主敬、正谊、明道；西斋也有三个：存诚，道德、居业。东三斋建在靖兴寺及唐李卫公祠原址而移祠寺于左阜。后来因为书院肄业的人增多，六个斋舍容纳不了，就在靖兴寺增设一斋，叫"日新斋"。光绪二十九年（1903），在寺旁建宋名臣祠。在祠内又设一斋，叫"又新斋"，就像岳麓的道乡祠、城南的妙高峰寺同为藏修之所一样，规模益增宏敞。

清末废科举。光绪三十年（1904），渌江书院改为高等小学堂，书院历史至此结束，但校舍继续办新学。光绪三十一年（1905），渌江小学堂改为渌江中学堂。民国元年（1912），渌江中学并入省会长郡中学。民国二年（1913），改办甲种实业学校，分农、商等两科，一年后复为渌江中学。民国八年（1919），更名为县立中学。民国十五年（1926）春，山洪暴发，西边校舍倒塌一空，中学移至状元洲。民国十六年（1927），中学停办。民国十七年（1928）下学期，中学残存校舍开办小学教师训练班。新建校舍（即现在书院右侧的教学楼）落成后，于民国十八年（1929）春开办县立乡村师范学校，招录男、女生各两个班，女子从此开始在本市接受中等教育。次年，兼办初中班。民国二十四年（1935），更名为醴陵县立简易乡村师范学校，修业期三年改为四年。初中班停办。1948年，开始办中师班，校名更改为醴陵县立师范学校。1951年，醴陵县立师范学校与原湘东中学、遵道中学合并为醴陵县第一中学，其址现在为醴陵市教师进修学校所在地。1982年，书院建筑做了全面修葺，头门、讲堂、内厅及左侧的考棚、斋舍、日新斋、又新斋保存着原貌。

影　响

渌江书院作为县级书院，规模不算小，肄业的原定额为八十名：每年于起馆前，考取生监二十名（正、附各取十名），童生六十名（正、附各取三十名）。另外，还有旁听生。每年取录额满之后，"尚有未预甄别而愿住院肄业者"，等到馆后坐列有余，也可入斋诵习。到光绪末叶增至二百人，可谓多矣。

渌江书院如同其他古代书院一样，是我国封建社会特有的一种教育组织形式。书院对我国封建社会教育的发展产生过重大影响。渌江书院有什么特色和影响呢？我认为最主要的有以下几个方面。

一、名流掌教

书院的教学和研究都处于当时的高水平上，这使书院自然成为有威望的教育活动中心，对本地区文化教育的发展、提高，起了促进作用。

渌江书院从创建到改为学堂，共有五十一位任全院监督兼讲授的山长（院长），他们都是名流。其中，进士十二人，举人三十三人，拔贡、副贡、副榜等共三人，做过京官、地方官然后来当山长的也不乏其人。攸县陈梦元，湘潭张九钺，湘阴周锡溥，湘潭罗汝怀、罗正钧，益阳肖大猷等均有著作问世。左宗棠不仅文作有名，而且武为名将。他在道光十六年至十八年（1836—1838）主讲渌江书院，起了开创性作用。至今，在醴陵还流传他的故事：道光十七年（1837），两江总督陶澍阅边至萍乡，请假回安化省墓，道经醴陵，官绅设行馆于育婴堂内，请左宗棠写了门联："春殿语从容，廿载家山，印心石在；大江流日夜，八州子弟，翘首公归。"陶澍一看，十分欣赏，即驱车去书院见左宗棠。左回拜时与陶通宵长谈。陶澍把左宗棠"目为奇才"（民国版《醴陵县志》），后与左成了儿女亲家，醴陵成为左宗棠的发迹地。当时的渌江书院对学者、文人具有一定的吸引力，清代有一个名叫许标的写过一首《渌江书院题壁》诗（同治版《醴陵县志》）反映了这一点。诗文如下：

南国艺林大规模，首推鹿洞与鹅湖。

有宋作人称极盛，维楚有材集醇儒。

醴泉山水最清淑，士习彬彬尚真朴。

名贤流寓于其乡，先后讲学宏教育。

紫阳朱子知潭州，吴黎二公相从游。

羽翼经传有人在，仪容亲炙瓣香留。
学宗关洛又吕氏，南轩更得论仁旨。
同时岳麓相往来，渌江人文曾蔚起。
养士绰有洙泗风，弦诵鼓歌于其中。
粪墙几席渊源接，群材荟萃斯道隆。
我家彭泽鄱湖口，陶公好饮黄花酒。
不为五斗轻折腰，艺苑得名曰五柳。
敢言桃李在公门，也曾樽酒细论文。
大息频年遭蹂躏，千年广厦经兵焚。
睹此堂开渌水曲，平安月倚潇湘竹。
安得全家移此间，靖兴山旁筑茅屋。

许标何许人，无资料可考。从诗的内容看，诗人是一位游学先生，诗不算写得好，但写出了诗人来渌江书院后的宽慰心情，歌颂了醴陵办书院讲学的盛况。渌江书院的发展盛况，为以后文化教育的发展，无疑有很大的作用。

二、严格的教育教学管理制度

教学以学生个人读书钻研为主，注重培养学生的自学能力，这对当今教育教学改革仍有启发作用。

所有的学生必须"居斋诵习，月课以文"。《书院膏火规条》规定："住院生童月课，无论官课、馆课，每课甄别超、特、一、三等发榜昭示。设立课簿，挨次登记"，"岁终综核，分给膏火一年"；"每月馆课、官课原有定期，日出领题，日入投卷，不许迟延"；生童"毋得朝夕应酬，闲过白日，其至群饮博弈"，"如有来去无常、闲谈嬉笑，因而荒废功课荡检逾闲者"，"山长以犯规扰斋各加惩治"，"生童各立功课簿一本，每日清晨、午间、灯下功课，逐一注簿。如理经史何书于何起止，理古文时，文某篇、诗某首，学书临某帖，据实登填，候山长不时抽阅叩问，总期切实用功，毋庸虚假。如有捏填者，自欺欺人，甘心暴弃，以犯规呵出。"（《渌江书院志》卷首）每日只闭门读书，当然不合时势，但提倡严守纪律、抓紧时间、自觉用功，无疑对今后都是必要的。左宗棠主讲书院时，依朱子

《小学》为学规八则，严格教育学生。他在给贺长龄（《皇朝经世文编》的编辑者）的信中写道："宗棠初来，凡诸生进谒，各给日记一本，令其功课随时注载。日入头门下钥，即查阅功课。如旷废不事事，及虚词掩着两次，将本课膏火除去，加与潜心攻苦之人。念先儒云：制外所以养中，养中始能制外。因于小学撮取八则，订为学规，以诏学者。月朔望会订功课日记，为之引掖而督勉之。其有不率则朴责而斥逐之。迩来俱知勉强学问，不谓苦也。"（《醴陵县志·大事纪》）从这封"上书"中，我们能看出几个重要问题。（1）左宗棠是以"制外所以养中，养中始能制外"为教育指导思想的。（2）所订学规措施严厉，如"将膏火除去"，这是经济制裁，"扑责"是罚以教刑，"斥逐"就是开除了。但其目的明确，促使学生潜心攻读，是他的"人生读书得力只有数年……此数年中放过，则无成矣"（《左文襄公家书》上册）思想的体现。（3）教学方法是强调自学，教师只每月朔望日"会订功课日记"，起"引掖""督勉"的作用。由于书院严于治教，"以故子弟勤敏者，居院数年，多克自树立，课士专以制艺"（民国版《醴陵县志》）。晚清以来，醴陵英才蔚起，与这种影响不是毫无关系的。

虽然书院主讲席的名家对学生的要求严格，但是师生感情比较融洽。再以左宗棠为例。他不但在院内讲课，而且经常带学生出游，周览山川形势。他喜谈兵战，常常指点某地可守，某地可战，某地可设伏，津津乐道。咸丰十年（1861），左宗棠率军出江西援祁门，途经醴陵时，文武官吏匍匐郊迎，他只颔首，但见到学生来时，便下车与学生握手，偕行十余里，谈笑风生。后来，左宗棠总督陕甘时还函招诸生佐治，可见其师生之情相当深厚。

三、敢于冲破封建禁锢，宣传革命思想，鼓励学生关心国家大事，更是渌江书院的可贵传统

罗正钧于光绪十七年（1891）主讲渌江书院。他为人刚毅尚气节，学生受其熏陶，都克自振拔。有一次，他读王船山的《噩梦黄书》，油然生反清之情。《醴陵县志》评述说："清季排

满革命之士，吾醴独多，实造端于此。"这并非不实之词。民主革命先烈刘揆一、宁调元（太一），同盟会驻醴陵通讯员潘坊，与蔡锷起义遥相呼应的袁家谱、肖昌炽、曾继梧等都在渌江书院就读或执教过。光绪三十年（1904），书院改为学堂，刘揆一被聘为学监，"专事鼓吹革命"，被清政府发觉，行将被捕时，恰好是暑假，躲过一劫。这年冬天，在日本留学的宁太一回到醴陵，以办中学为名宣传革命学说。现在，渌江书院内还保留着于右任撰书的纪念宁太一的珍贵石碑。书院由小学堂改为中学堂，后又办师范，一直都是革命人士活跃的地方。无产阶级革命家李立三，北伐军前敌总指挥部总参谋长张翼鹏，八路军副参谋长左权，以及宋时轮、陈明仁等早年都在渌江书院上过学。这里的革命传统真是源远流长。

渌江书院门口至今竖有一块古老的花岗岩华表，上镌"西山正学要传人"。这个"正学"原指程朱理学，现在我们要赋予其新意。书院制度早不存在了，但书院的办学经验和影响不会消失。我们打算进一步研究书院这个古代教育史上的遗产，以期在新的历史条件下发扬光大之。

（作者：何楷儒。此文写于 1989 年，因有助于读者了解渌江书院，故附录之，权作《渌江书院志》读书笔记。）

后　记

渌江书院自创建起，就寄托了醴陵人民涵育人才、振兴文教的愿望，在醴陵历史长卷里弦歌不绝，使醴陵成为"彬彬文教地"，也成为百万醴陵人的精神家园。

清光绪三年（1887）刊刻的《渌江书院志》，由县人文蔚起主修、刘青藜等纂辑，共计六卷，是研究渌江书院的珍贵文献。

简体横排出版的《渌江书院志》，是继"渌江书院文化丛书"《渌江书院楹联选》《渌江书院的兴盛与变革——清代地方书院运行实态》之后的一部重要著作，对研究渌江书院的历史具有很高的文化价值。

本书得以正式出版，是集思广益的结果。在校点、出版过程中，陈立耀对本书出版给予了悉心指导。袁婉玲、许露洁、汪雅兰等投入了大量的精力，做了扎实的前期工作；赖福明、李景阳、陈艳、龚雪等参与了全书的整理工作；书籍封面的设计方案，出自赵慧青。在此，一并致以谢意。

由于时间仓促，编者水平有限，难免有不足之处，敬请读者批评指正。

编　者
2023 年 11 月 20 日